Femme Chrétienne: Suis-je prête à me marier ? 2

Femme chrétienne: Suis-je prête à me marier?

Femme chrétienne: Suis-je prête à me marier?

Copyright © 2016 par Francine CHEUMBOU
ISBN : 979-8-615866-31-9
EAN : 9798615866319
Publié en autoédition
Tous droits réservés.

Aucune portion de ce livre ne doit être utilisée sans une autorisation écrite de l'auteur.
Pour plus d'informations :

www.famillesbeniesetprosperes.com

contact@famillesbeniesetprosperes.com

Dépôt légal octobre 2016

Femme Chrétienne: Suis-je prête à me marier ? 4

Femme chrétienne: Suis-je prête à me marier?

Par Francine CHEUMBOU

Femme Chrétienne: Suis-je prête à me marier ? 6

Remerciements

Toute œuvre est le fruit de la collaboration de plusieurs personnes, je tiens donc à remercier toutes les personnes qui m'ont aidé dans la réalisation de cet ouvrage et en particulier:

- A Jennifer Ngango, Patrick Foko, Audrey Mbog et Yanelle Lokumba pour leur relecture, leurs conseils, leurs critiques et leurs avis constructifs
- A toutes les femmes d'Impact Centre Chrétien Campus Bruxelles en particulier Marie-Armelle Alihonou et Louise ONGA
- A mon « jeune père spirituel » Alain-Patrice Ngaleu, merci d'avoir semé dans mon cœur la bonne nouvelle de l'évangile
- A Maman Rachel Mfondi qui dès les premières heures de ma vie chrétienne m'a encouragé, m'a donné de connaître, d'aimer et de servir Dieu
- A mes pasteurs actuels Evelyne et Christian Saboukoulou pour le prix payé au quotidien pour être et demeurer de véritables modèles pour leur génération
- A Jorel et Mélissa Ngako, mes petits frères chéris, pour leur présence, leur obéissance à toutes épreuves

- A mes sœurs Carine Talla, Flore Rikam, Auriane Nzalli dont les mariages prospères ont été des sources d'observation et de bénédiction pour moi
- A ma mère TIEGAN Odette, « la force tranquille » qui a su tenir ferme et communiquer sa force de caractère à ses enfants. Puisse Dieu m'accorder la grâce de réjouir ton cœur et de te rendre fière de moi tous les jours de ta vie
- A mon père, TIEGAN Joseph un homme qui s'est sacrifié pour l'épanouissement de sa famille, un véritable modèle pour moi
- A celui qui est l'Alpha, l'Oméga, à mon Dieu, mon Père, ma source, reçois toute la gloire, l'honneur aujourd'hui et à jamais!

Sommaire

Remerciements	7
Sommaire	9
Introduction	10
Chapitre 1: pourquoi se préparer pour le mariage?	13
Chapitre 2 : préparation sur le plan spirituel	21
Chapitre 3 : préparation sur le plan émotionnel	43
Chapitre 4 : préparation sur le plan physique	63
Chapitre 5 : Sachez tenir votre bourse	79
Chapitre 6 : Un frère vous approche, que faire ?	91
Chapitre 7 : Ma période de célibat dure !	99
Conclusion	109
Pour aller plus loin : des ressources utiles	111

Introduction

Comme j'aurais aimé avoir eu ce livre il y a quelques années afin de pouvoir bénéficier des conseils qui y sont mentionnés. Je m'appelle Francine et je suis célibataire. Mon rêve a toujours été de me marier à 23 ans, avoir mon premier enfant à 25 ans….Ah comme, je suis loin de ce que j'avais planifié pour ma vie.

En janvier 2011 alors que je discutais avec ma petite sœur, j'ai émis un soupir, je me posais les questions sur comment je devrais me préparer avant mon mariage. Je cherchais un livre, des enseignements qui répondraient de manière concrète à mon besoin. J'ai donc dès lors commencé à effectuer des recherches, à lire des livres et écouter des enseignements. La plupart de ces ressources très édifiantes, mettaient l'accent sur ce qu'était le mariage, le rôle des différents conjoints dans le cadre du mariage. Aussi édifiantes qu'elles étaient, ces ressources ne répondaient pas directement à ma question. En effet, aucune femme ne naît «épouse» mais elle le devient et dans ce processus, elle passe d'abord par l'étape de «femme célibataire» et c'est justement pendant cette période de célibat qu'il est opportun d'acquérir l'étoffe qui fera d'elle une épouse de qualité pour l'élu de son cœur.

Après quatre années durant lesquelles j'ai participé à différentes rencontres de jeunes femmes célibataires, discuté avec quantité de personnes (femmes et hommes) mariés et heureux ou malheureux en mariage, d'écoute d'enseignements édifiants et de lecture acharnée, j'ai pu collecter de nombreux conseils aussi divers que variés. J'ai pris la peine de les structurer afin de les rendre plus faciles à comprendre et à mettre en application par toute femme célibataire qui le désire.

Vous me diriez peut-être comment une femme célibataire peut-elle aider d'autres à se préparer pour le mariage. Votre question est pertinente et je ne m'en offusque pas. J'avoue que je me suis posée la même question. Au travers de ce livre, mon désir est d'offrir un guide qui aidera la femme célibataire, à se préparer pour ce jour où elle dira « oui » à l'homme avec qui elle acceptera de fonder un foyer. Dans ce livre, vous trouverez les axes généraux dont il faudra tenir compte dans la période de préparation au mariage. Ensuite, chaque lectrice pourra cultiver et se préparer de manière plus approfondie et personnalisée en consultant les différents ouvrages qui sont proposés dans la rubrique «pour aller plus loin».

Ce livre n'est pas un recueil où vous trouverez un ensemble d'actions à accomplir pour séduire l'homme de votre vie ou des lois à respecter pour se marier en 6 mois. Oh que non, mais ce livre aidera la jeune femme à se laisser transformer en profondeur par Dieu afin qu'elle soit prête pour l'homme qu'Il aura choisi et voulu pour elle.

Ce livre se veut donc être un ensemble de conseils qui tiennent leur fondement sur la parole de Dieu, la Bible, ainsi que sur des expériences et conseils reçus depuis plusieurs années. Vous aurez certainement déjà entendu quelques-uns des conseils qui seront évoqués dans ce livre. En couchant ceux-ci sur papier, je veux véritablement qu'ils ne puissent pas se perdre car rappelons-nous que les mots s'envolent mais les écrits restent.

Je vous souhaite une excellente lecture!

A votre succès,

Chapitre 1 : pourquoi se préparer pour le mariage ?

𝓟our plusieurs, le jour du mariage représente le plus beau jour de leur vie. C'est un jour de joie et de célébration pour les deux tourtereaux, les familles, les amis et les collègues. Aujourd'hui et dans de nombreux cas, les mariages sont brisés et les divorces sont de plus en plus constatés. Les statistiques à ce niveau sont alarmantes, de manière générale et beaucoup plus dans les pays européens, 1 mariage sur 2 se termine en divorce[1]. Le pays champion en divorce est la Belgique qui comptait en 2008, 71 divorces pour 100 mariages[2]. On comprend donc bien pourquoi dans ce pays, la femme ne prend pas le nom de son époux lorsqu'elle se marie. L'une des raisons évoquées est de simplifier la vie des deux conjoints après le divorce qui est susceptible de se produire à peu près plus d'une fois sur 2, quel dommage!

> Dans les pays européens, 1 mariage sur 2 se termine en divorce

---

[1] Mylène Vandecasteele, « *Nulle part ailleurs dans le monde on ne divorce plus qu'en... Belgique* », publié le 26 mai 2014, sur www.express.be
Lien: http://www.express.be/joker/fr/platdujour/nulle-part-ailleurs-dans-le-monde-on-ne-divorce-plus-quen-belgique/205328.htm
[2] Idem

Pourquoi tant de divorces me diriez-vous ? Les dix premières[3] causes de divorce d'après le magazine Terrafemina[4] sont :
- L'infidélité dans 33% des cas
- L'égoïsme dans 22% des cas
- Le caractère dans 14% des cas. En effet, la magie du mariage et des premières années disparaissant, les principaux défauts du conjoint apparaissent comme une évidence.
- Les comportements abusifs dans 14% des cas comme par exemple une personne trop envahissante ou trop jalouse...)
- Des buts dans la vie différents dans 14% des cas (enfants, achat d'une maison à la campagne, priorité professionnelle, ...)
- Incompatibilité dans 13% des cas
- Argent et travail (dans 12% des cas) : les problèmes financiers provoqués par exemple par le chômage, une perte d'emploi, ou l'utilisation de l'argent du foyer etc.
- Beaux-Parents dans (11% des cas) trop présents, trop critiques, pénibles, ...
- Mariage trop précoce dans 9% des cas
- Orientation politique (dans 8% des cas) différente pour les deux conjoints

---

[3] La somme des pourcentages ne fait pas 100%, plusieurs causes peuvent être à la base d'un divorce

[4] *«Top 10 des motifs les plus courants de divorce»*, Article publié le 17 juin 2013 sur le web magazine, Terrafemina, Lien:http://www.terrafemina.com/vie-privee/sexo/articles/27153-couple-top-10-des-motifs-les-plus-frequents-de-divorce.html

Hormis l'infidélité, les beaux-parents, l'argent et le travail, toutes les autres causes de divorce pourraient être évitées si chaque conjoint prenait la peine de s'informer, de prendre des conseils éprouvés sur le mariage avant de se jeter à l'eau. Très souvent, les mariés ne s'attendent pas à vivre la réalité qui sera la leur dans le foyer. Comme nous le verrons dans la suite du livre, une bonne préparation limite les risques de divorces et est bénéfique à plusieurs égards :

Raison 1 : Eviter les erreurs
Il est généralement connu dans le secteur de l'évènementiel que, 80% de la réussite d'un évènement dépend de la préparation effectuée pour sa réalisation. Une bonne préparation permet donc d'éviter de commettre des erreurs dans le mariage et surtout prévient le risque de commettre des erreurs dans le choix de son futur conjoint.

Raison 2 : Eviter la précipitation
Le mariage dans certaines régions du monde dont en Afrique est un signe de réussite. Beaucoup de femmes par peur de ne pas se marier et d'être traitées de « vieilles filles », décident de se jeter dans les bras du premier venu. Elles préfèrent donc entrer dans un mariage souvent sans conviction puisque leur objectif final est « d'être mariée et devenir l'épouse de Monsieur X». ***Proverbe 21.5 « Les projets de l'homme diligent ne mènent qu'à l'abondance, Mais celui qui agit avec précipitation n'arrive qu'à la disette. »***, nous rappelle le danger de prendre des décisions dans la précipitation.

Une bonne préparation au mariage vous empêchera de prendre des décisions hâtives parce que vous serez fermement établies en Christ et vous Lui ferez confiance pour conduire tous les domaines de votre vie.

Raison 3 : Réussir son mariage

Sauf cas exceptionnels, je me rappelle que la clé de la réussite à mes examens scolaires était une excellente préparation. J'ai rarement manqué un examen pour lequel je m'étais bien préparé. Il en de même pour le mariage, une bonne préparation vous garantira la réussite, vous donnera de combler votre conjoint et de vivre une vie épanouie et harmonieuse avec Dieu.

Les personnes qui négligent de se préparer pour le mariage pensent généralement que le fait d'éprouver des sentiments pour son conjoint suffira à faire durer son mariage. La vérité est que certaines situations difficiles telles que la perte d'un enfant, des fausses couches à répétition, une situation de chômage... peuvent briser un couple. Par ailleurs, beaucoup basent leur mariage sur les sentiments qu'ils peuvent ressentir pour leur conjoint à un moment de leur vie, seulement et comme le dit souvent le Pasteur Mamadou Karambiri, «le *senti* ment». Pour réussir son mariage, il est important de savoir quelle est la pensée de Dieu pour le mariage.

A- La pensée de Dieu pour le mariage

Dans **_Genèse 2.26_**, Dieu dit « *Qu'il n'est pas bon que l'homme soit seul, Je lui ferais une aide qui lui soit semblable* ». Ainsi, au travers du mariage, Dieu souhaite mettre ensemble deux personnes, un homme et une femme matures qui se ressemblent et qui accompliront une mission commune donnée par Dieu. L'homme étant le chef du foyer, le capitaine du couple, Dieu lui donne la vision et son épouse est celle qui est sous la mission de son époux pour l'aider à accomplir la vision que Dieu lui donne. C'est pourquoi, il est écrit que la femme doit être soumise à son mari.

Ainsi, pour se marier selon le plan de Dieu en étant une femme, il est important d'être une personne mature au niveau spirituel, émotionnel mais également bien se connaître afin d'être l'aide semblable d'un homme bien précis. Se préparer au mariage c'est donc se préparer à se donner à son époux, de combler ses besoins en fonction de ce que Dieu aura déposé en vous en tant que femme. Contrairement à ce que la plupart des femmes pensent, le mariage n'est pas fait pour recevoir mais pour donner. Bien se préparer vous aidera donc à mieux vous donner à votre conjoint et réussir chaque jour votre mariage.

Dans le livre de la Genèse, le premier homme, Adam fait plusieurs rencontres avec des animaux. Au sortir de ces rencontres, Adam a clairement identifié que les créatures avec lesquelles il avait été en contact ne lui étaient pas semblables. Pourquoi ? Parce qu'il se connaissait lui-même. A partir du moment, où il a rencontré Eve, il a pu dire maintenant *«voici celle qui est l'os de mes os et la chair de ma chair et on l'appellera femme»*, donc il est important de se connaître et d'apprendre à se connaitre. En effet, la connaissance de nous-même est un processus d'apprentissage permanent qui se fait au jour le jour.

Plus vous allez vous connaître et mieux vous pourrez distinguer aisément l'homme pour qui vous êtes faite. Je me rappelle qu'au début de ma vie chrétienne, les hommes de mon entourage que je trouvais «bon parti», ne le sont plus aujourd'hui. Pourquoi ? Parce que je me connais mieux qu'il y a dix ans et je sais à présent pour quel genre d'homme je peux être une réelle aide, un être semblable.

Le jour de votre mariage, à la fin des cérémonies civile et religieuse, vous recevrez un acte de mariage du maire et un certificat de mariage du célébrant. Dans la plupart des cas, pour des naissances et examens, les attestations sont remises à la fin de l'épreuve pour attester de ce que les examens ont été réussis. Par contre, le jour du mariage, les différentes attestations sont remises AVANT la vie à deux et signalent qu'une nouvelle vie a commencé pour les jeunes mariés. Une nouvelle vie qu'il faudra aborder en étant préparé pour assurer la réussite.

Un bon conjoint est celui pour lequel une harmonie sur les plans spirituel, émotionnel et physique existe. Une bonne préparation au mariage doit donc se faire sur ces trois plans afin de pouvoir reconnaître aisément son futur conjoint et être aisément reconnue de lui.

Chapitre 2 : préparation sur le plan spirituel

Le mariage comme nous l'avons vu dans le chapitre précédent a été institué par Dieu. Dieu est le créateur du mariage. Comme tout créateur, Il détient donc les lois à respecter pour réussir son mariage.

L'aspect spirituel de votre préparation prend en compte l'importance de cultiver une relation profonde avec Dieu le créateur. Il est important de faire la distinction entre entretenir une relation et appartenir à une religion (protestante, catholique, musulmane...). Je ne parle pas d'appartenir à telle ou telle église mais d'avoir une véritable relation de père-fille avec votre créateur.

A- Développez une relation personnelle et profonde avec Dieu

Dans *Jean 3 :16*, il est écrit que « *Dieu a tant aimé le monde, qu'Il a donné Son fils unique afin que quiconque croit en Lui ne périsse point mais qu'il ait la vie éternelle* ». Dans ce verset, vous pouvez remplacer le monde par votre prénom parce que

Dieu vous aime tant qu'IL vous offre la vie éternelle au travers de Son fils Jésus mort sur la croix pour le pardon de vos péchés. La vie éternelle offerte par Dieu sera la vôtre si vous décidez de l'accepter, de Le remercier et de marcher en nouveauté de vie conformément à Sa parole, la Bible. Si aujourd'hui, vous souhaitez recevoir Jésus Christ comme Sauveur et Seigneur personnel faites la prière suivante avec moi :

« Dieu, mon Père, je reconnais avoir marché selon mes propres désirs, loin de Ta face et de Tes commandements, d'avoir été la propre maîtresse de ma vie en faisant ce qui me plaisait. Aujourd'hui, je Te demande de me pardonner pour tous les péchés que j'ai commis. Je décide de me soumettre à Toi, Ta volonté, Tes lois et de faire de Toi le Seigneur de tous les domaines de ma vie. Je Te remercie pour la vie éternelle que Tu me donnes au travers de la mort de Jésus sur la croix. Merci pour la nouvelle vie que Tu m'offres et pour le salut. Accorde-moi la grâce de T'aimer à jamais. Mon Dieu aide moi à faire Ta volonté tous les jours de ma vie. Apprends-moi à prier, à lire la Bible et à faire de Toi mon Seigneur, au nom de Jésus, j'ai prié. Amen »

Si vous avez fait cette prière de manière sincère, vous êtes née de nouveau et à partir de ce moment, vous quittez le Royaume des ténèbres et entrez immédiatement dans le royaume de Dieu *Colos-*

siens 2.15⁵. Vous avez l'assurance que si aujourd'hui vous mourrez, vous irez au paradis car le salut de Dieu est vôtre désormais. Par ailleurs, vous êtes devenue une nouvelle créature, les choses anciennes sont passées et toutes choses sont devenues nouvelles dans votre vie **2 Corinthiens 5.17⁶**.

L'homme, l'être humain que nous sommes est constitué de trois parties : l'esprit, l'âme et le corps. A la nouvelle naissance, c'est votre esprit qui est né de nouveau, votre âme entrera dans un processus de restauration progressive (objet de notre prochain chapitre).

A côté de votre salut qui est votre assurance d'aller au paradis à la fin des temps, la nouvelle naissance vous donne également droit à un héritage. Etant donné que vous appartenez maintenant au Royaume de Dieu, vous êtes devenue enfant de Dieu. En tant que *fils de Dieu*⁷, vous avez droit à l'héritage que votre Père céleste vous donne. L'un des premiers cadeaux que Dieu vous offre à votre nouvelle naissance est le Saint-Esprit, qui est l'Esprit de Dieu qui

---

⁵Colossiens 2.15 «Vous qui étiez morts en raison de vos fautes et de l'incirconcision de votre corps, il vous a rendus à la vie avec lui. Il nous a pardonné toutes nos fautes, il a effacé l'acte rédigé contre nous qui nous condamnait par ses prescriptions, et il l'a annulé en le clouant à la croix »

⁶2 Corinthiens 5.17 «Si quelqu'un est en Christ, il est une nouvelle créature. Les choses anciennes sont passées ; voici, toutes choses sont devenues nouvelles»

⁷*Dans la Bible, l'expression généralement utilisée est «fils de Dieu» sans considération du genre de la personne*

vient résider en vous et établir Sa demeure en vous. Vous pouvez maintenant établir une relation avec votre Père au travers de Son Esprit en vous, Il pourra vous parler au travers de Sa parole qui est la Bible et de la douce voix du Saint-Esprit demeurant en vous.

> Plus vous développerez votre relation avec le Saint-Esprit en Lui laissant les rênes de votre vie, plus vous serez libres de marcher dans le plan de Dieu pour votre vie

Plus vous développerez votre relation avec le Saint-Esprit en Lui laissant les rênes de votre vie, plus vous serez libres de marcher dans le plan de Dieu pour votre vie. Ce plan de Dieu pour votre vie comporte également votre mariage.

Le témoignage de ma rencontre personnelle avec Dieu

J'ai pris la décision que vous venez de prendre, il y a bientôt dix ans, en novembre 2005. Je ne la regrette pas du tout, c'est la meilleure décision que j'ai prise. Je me souviens du jour où j'ai pris cette décision comme si c'était hier.

Un jour de novembre 2005, j'étais assise à la salle de séjour de la résidence étudiante où j'habitais et je venais juste de terminer de manger et la télévision était allumée mais je ne la regardais pas vraiment. Et puis, un camarade d'université, Alain-

Patrice est passé, en fait, il ne venait pas me chercher spécialement mais il venait voir une autre camarade qui n'était pas là ce jour (je rends grâce à Dieu d'ailleurs). Il m'a dit bonsoir bref les politesses habituelles mais ce qui suit est plus important parce qu'il m'a posé une question des plus surprenantes :

« Francine, si tu venais à mourir maintenant, où irais-tu ? Au paradis ou en enfer ?

Cette question m'a vraiment surprise; m'a fait paniquer par la même occasion et je me suis tout de suite sentie menacée. Ma réaction te paraît-elle bizarre? Pour la comprendre, lisez la suite.

Cela faisait six mois que j'avais perdu mon père que j'aimais énormément et qui représentait un modèle pour moi. J'en voulais presqu'à Dieu de m'avoir enlevé cet être si cher à mon cœur. Par conséquent, je ne fréquentais plus l'église, il faut dire qu'à ce moment, je pensais comme tout le monde que j'irais au paradis si j'allais à l'église (considération que je trouve bien fausse aujourd'hui) et le plus étonnant c'est que je détestais aller à l'église et c'était toujours papa qui me forçait presque à m'y rendre. A la question d'Alain-Patrice, j'ai répondu que je ne savais pas vraiment quoi répondre, parce que souvent je faisais de bonnes actions: partager ce que j'ai, servir les autres, ne pas médire des autres, aller à l'église, bien m'habiller, ne pas fréquenter les night-club, ne pas entretenir des relations sexuelles coupables, apprendre mes leçons, respecter ma mère, aimer mes sœurs et mes amis... et je pensais pouvoir aller au paradis tandis que certains jours je faisais de mauvaises actions: fuir les autres, ne pas fréquenter l'église, avoir des pensées mauvaises, ne pas aimer les autres, me moquer des autres, envier les autres et en éprouver de la jalousie... qui me conduiraient sans aucun doute en enfer. Puis, en y réfléchissant bien, je me suis rendu compte que mes bonnes actions ne suffiraient jamais à combler les mauvaises si nombreuses. Du coup, effrayée, j'ai pris conscience que si je mourrais à l'instant 't', mon châtiment serait le feu éternel.

Et Alain-Patrice m'a dit qu'il y'avait un moyen pour moi de passer du feu éternel au royaume glorieux de Dieu : c'était de reconnaître devant Jésus Christ que j'étais une pécheresse et qu'à cause de mes nombreux péchés je méritais la mort éternelle; de remercier Jésus parce que par Sa mort sur la croix mes péchés ont tous été pardonnés et effacés si je décidais de l'accepter dans ma vie comme mon Sauveur et Seigneur personnel. A cette déclaration d'Alain-Patrice, je n'en croyais pas mes yeux parce qu'avoir la vie éternelle était si simple surtout quand je faisais la comparaison avec les nombreux et colosses péchés que j'avais à mon actif. J'ai donc pris le risque d'accepter Jésus dans ma vie comme Sauveur et Seigneur, de L'accepter dans ma vie. Croyez-moi, cette décision a changé ma vie, m'a transformé en une nouvelle Francine. Merci mon Dieu pour Ton amour!

B- Comprenez l'amour de Dieu pour vous

Dans **Romains 5.8**[8], il est écrit que Dieu nous a aimé le premier, alors que nous étions encore dans le péché, Dieu nous a aimés et à cause de cet amour Il a accepté de sacrifier Son Fils unique sur la croix pour vous. Si lorsque vous étiez encore dans le péché, Dieu a donné Son fils unique pour vous, à combien plus forte raison, ne vous donnera-t-Il pas toutes choses maintenant. L'amour donne, recherche le bien de l'autre, prend soin de l'autre...Ainsi, du fait de Son amour pour vous, Dieu vous donnera ce dont vous avez besoin, prendra soin de vous, recherchera votre épanouissement.

Lorsque vous comprenez l'amour de Dieu et ce qu'Il est capable d'accomplir du fait de cet amour, alors vous pouvez demeurer en paix. C'est pour cette raison, qu'IL déclare dans *Jérémie 29.11* « *Je connais les plans que j'ai formé pour vous, des plans de paix et non de malheur afin de vous donner un avenir et une espérance* ». Si vous prenez conscience de l'amour de Dieu, vous êtes tran

> Dieu a été fidèle depuis le commencement et ce n'est pas avec vous, qu'Il changera subitement et décidera de devenir infidèle

---

[8] *Romains 5.8 « Mais voici comment Dieu prouve son amour envers nous : alors que nous étions encore des pécheurs, Christ est mort pour nous. »*

quille par rapport à tous les aspects de votre vie, parce qu'IL prendra soin de vous, vous guidera afin que vous demeuriez dans Sa volonté et héritiez de toutes les promesses qu'IL vous a faites.

En prenant conscience de l'amour de Dieu pour vous, vous ne paniquerez pas dans les situations difficiles de votre vie parce que vous saurez que Dieu est à vos côtés, vous soutient et vous fortifie. Prendre conscience de l'amour de Dieu, vous évitera d'épouser le premier venu par peur de demeurer célibataire. En effet, parce que Dieu vous aime, IL sait mieux que quiconque votre besoin de vous marier et vous conduira par amour pour vous vers la bonne personne. Faites Lui confiance, laissez-vous conduire par Lui, obéissez Lui et vous ne serez jamais déçue. *Psaume 25.3* « *Aucun de ceux qui espèrent en Toi ne sera couvert de honte, mais la honte est pour ceux qui sont infidèles sans raison* ». En plus de Son amour pour vous, Dieu est fidèle pour accomplir les promesses qu'IL vous a faites. Dieu a été fidèle depuis le commencement et ce n'est pas avec vous, qu'Il changera subitement et décidera de devenir infidèle. La Bible dit qu'alors même que nous Ses enfants sommes infidèles envers Lui, Dieu demeure fidèle[9]. Quelle assurance nous avons en tant qu'enfants et *fils de Dieu*!

---

[9] 2 Timothée 2:13 « *si nous sommes infidèles, Il demeure fidèle, car Il ne peut se renier lui-même.* »

Action de grâce

Prenez le temps de penser à vous, une jeune femme aimée de Dieu, une jeune femme que Dieu aime et qu'Il chérit comme la prunelle de Ses yeux. Une jeune femme aimée par le Dieu de l'univers, le Puissant Dieu de l'univers, à qui rien n'est impossible, qui ne faillit jamais, n'échoue jamais, qui n'est pas un homme pour vous mentir et qui est fidèle à Ses promesses pour les accomplir. Prenez un moment pour dire merci à Dieu pour Son amour à votre endroit et pour Sa fidélité envers vous. Elevez Son nom et magnifiez le Dieu qui est amour, fidèle, bon, juste, compatissant, puissant, Tout puissant.

Action à faire

Regardez-vous dans la glace et dites « Voici la jeune femme élue que Dieu, le créateur de l'univers entier aime »[10].

C- Comprenez votre valeur

La valeur d'une chose dépend de différents éléments dont le prix qu'un acquéreur est prêt à débourser pour l'acquérir. En tant que *fils de Dieu*, notre valeur dépend du prix que Dieu a payé pour nous racheter et ce prix c'est la crucifixion de Jé-

---

[10] *1 Pierre 2.9 « Vous, au contraire, vous êtes une race élue, un sacerdoce royal, une nation sainte, un peuple acquis, afin que vous annonciez les vertus de celui qui vous a appelés des ténèbres à son admirable lumière, »*

sus, Son fils unique. Vous rendez vous compte que le fils du grand Dieu de l'univers a été crucifié pour vous racheter. Votre valeur est maintenant rattachée à celle de Jésus, le fils de Dieu et est donc très très très grande. Vous êtes une femme de valeur, ce n'est pas un slogan mais la vérité.

Prenez conscience de votre valeur en tant que fille de Dieu et ne permettez plus aux personnes, aux situations de vous mépriser. De la même manière, ne méprisez personne. La Bible dit dans *Proverbe 11.12* que «*Celui qui méprise son prochain est dépourvu de sens, Mais l'homme qui a de l'intelligence se tait*» et non l'inverse. Ne soyez donc pas insensée, ne méprisez personne!

Comprendre et prendre conscience de votre valeur, qui est rattachée à la valeur même de Jésus vous donnera d'entrer dans des relations stables parce qu'il n'est pas bon d'entrer dans une relation en pensant que l'autre personne peut tout vous apporter, que l'autre personne est meilleure que vous et que vous n'êtes rien et personne. Vous n'êtes pas n'importe qui. Sachez qu'un homme sage qui craint Dieu fera attention à cet aspect et verra rapidement les femmes qui ne sont pas conscientes de leur valeur et se dévalorisent. Par notre langage et les paroles de nos propres bouches nous pouvons nous dévaloriser, voici quelques exemples que j'ai très souvent entendu:

> Prendre conscience de votre valeur, qui est rattachée à la valeur même de Jésus vous donnera d'entrer dans des relations stables

Discours d'une femme inconsciente de sa valeur	*Discours d'une femme consciente de sa valeur*	*Mes commentaires*
Peux-tu me jeter avec ta voiture quelque part stp ?	Peux-tu stp me déposer à la gare centrale ?	Vous n'êtes pas un objet qu'on peut jeter n'importe où. Ce n'est parce que vous n'avez pas de voiture que vous devez vous rabaisser à l'état d'objet à jeter quelque part.
Ah bon! Tu es sûr que tu l'aimes? Oooo je suis tellement contente que tu aimes ma robe, je l'ai acheté à 3 euros chez *Puce Market*	Merci beaucoup d'aimer ma robe et gloire à Dieu si tu l'aimes bien	La manière avec laquelle la femme inconsciente de sa valeur répond révèle ceci: 1- elle est étonnée que sa robe puisse plaire 2- en précisant le prix de sa robe (que personne ne lui a demandé), elle fait comprendre

		que le prix bas de sa robe n'est pas très différent de sa propre valeur
Oh my God, je n'arrive pas à croire que le frère David qui est un futur Pasteur Oint et financièrement prospère vient de demander ma main en mariage. Je n'ai pas besoin de prier, je vais accepter tout de suite de peur qu'il aille voir ailleurs. Il est tellement mieux que moi !	Gloire à Dieu, le frère David qui est un futur Pasteur Oint et financièrement prospère vient de demander ma main en mariage. Je vais rechercher la volonté de Dieu dans la prière.	Vous avez autant de valeur que l'homme le plus beau, le plus oint et le plus riche de votre entourage et cette valeur est rattachée à la valeur de Jésus. Croyez-le, confessez-le et vivez-le !

Votre valeur ne dépend pas de vos possessions, de vos diplômes, de vos parents, de vos réussites, de vos échecs, de votre situation professionnelle, du quartier que vous habitez, etc. Votre valeur dépend de Jésus. Comprenez une chose « *personne ne peut vous faire sentir inférieur sans votre consentement* »[11] . Les gens mesureront toujours votre valeur à celle que vous vous donnez vous-même et ils vous traiteront en fonction de cela.

Action à faire

1- Mettez-vous devant votre glace, et proclamez que vous êtes une femme de valeur, une femme importante aux yeux de Dieu. Déclarez que les personnes qui vous connaissent ont la chance de vous connaître. Proclamez que vous ne laisserez personne vous mépriser parce que vous connaissez votre valeur en Christ.

2- Etudiez également les écritures et demandez au Saint-Esprit d'illuminer les yeux de votre cœur afin que vous compreniez et preniez conscience de votre valeur.

D- Développez le caractère de Christ

Vous êtes une femme de valeur et votre valeur est assimilée à celle de Jésus. Aspirez donc à ressembler à Jésus. **Dans 2 Corinthiens 3.18**, il est écrit que « *nous sommes transformés en l'image de Christ de gloire en gloire par le Saint Esprit* ».

---

[11] Citation d'Eleanor Roosevelt, épouse de Franklin Delano Roosevelt, président des Etats Unis d'Amérique de 1933 à 1945

Pour ressembler à Jésus, il faut aspirer à transformer son caractère afin d'acquérir le Sien.

Le dictionnaire Larousse définit **le caractère** comme étant une « **Marque distinctive, propriété de quelque chose, de quelqu'un** ». Autrement dit, le caractère d'une personne ne change pas en fonction des circonstances et en même temps le distingue des autres. Le caractère de Christ est manifesté par le fruit de l'Esprit-Saint révélé dans **Galates 5.22-23** « **Mais le fruit de l'Esprit c'est l'amour, la joie, la paix, la patience, l'amabilité, la bonté, la fidélité, la douceur, la maîtrise de soi. La Loi ne condamne certes pas de telles choses.** »

Vous devrez donc veiller à développer ces neufs parties du fruit de l'Esprit. Cela ne se fera pas en un seul jour et croyez-moi au jour du jugement, vous y seriez encore ! Mais aspirez à voir votre caractère transformé. Demandez au Saint-Esprit de vous aider dans ce processus de transformation. Ce processus ne se fera pas sans dommage car votre vieille nature pècheresse résistera aux changements que le Saint-Esprit voudra apporter mais tenez bon et acceptez d'être transformée, de voir votre ancien caractère transformé peu à peu pour laisser la place à celui plus glorieux de Jésus. Plus votre caractère reflètera celui de Christ, plus vous laisserez le Saint-Esprit vous diriger dans tous les domaines de votre vie, plus vous quitterez du stade d'enfant de Dieu immature appelé **Nepios**[12] à celui de véri-

---

[12] Un petit enfant, un mineur, pas en âge d'hériter

table *fils de Dieu*, **Huios**[13] et capable d'hériter des promesses de Dieu. En effet, ce ne sont que les enfants de Dieu matures, les véritables « fils » qui héritent des promesses de Dieu et possèdent leur héritage comme le précise *Galates 3.1-2* et *5-7* *« Or, aussi longtemps que l'héritier est enfant (Nepios), je dis qu'il ne diffère en rien d'un esclave, quoiqu'il soit le maître de tout; mais il est sous des tuteurs et des administrateurs jusqu'au temps marqué par le père…Et parce que vous êtes fils (Huios), Dieu a envoyé dans nos cœurs l'Esprit de Son Fils (Huios), lequel crie : Abba ! Père ! Ainsi tu n'es plus esclave, mais fils (Huios); et si tu es fils (Huios), tu es aussi héritier par la grâce de Dieu. ».*

Votre futur mariage est inclus dans votre héritage. Votre caractère peut vous qualifier ou vous disqualifier sur le chemin de la possession de votre héritage « mariage ». Transformer son caractère à l'image de celui de Christ est donc primordial et indispensable pour vous.

> Votre futur mariage est inclus dans votre héritage. Votre caractère peut vous qualifier ou vous disqualifier sur le chemin de la possession de votre héritage « mariage »

---

[13] Ceux qui vénèrent Dieu comme leur père, les pieux adorateurs de Dieu, qui dans leur caractère et leur vie veulent Lui ressembler, ceux qui sont gouvernés par l'Esprit de Dieu

Un bon caractère est très important dans le mariage surtout dans les moments particulièrement difficiles où la plupart des couples ont tendance à lâcher prise et à divorcer. Un bon caractère résistera à l'épreuve de longue période de chômage, de décès d'être cher, de problème financier, de maladies graves. Une personne au bon caractère demeurera stable là où d'autres paniquent et lâchent prise.

Depuis ma nouvelle naissance, j'ai véritablement vu de nombreux changements dans ma vie. Je peux véritablement rendre grâce à Dieu pour la paix que je peux ressentir dans des situations où j'aurais littéralement paniqué il y'a quelques années. Même si je n'ai pas encore complètement le caractère de Christ, une chose est certaine, je ne suis plus là où j'étais il y a dix ans.

E- *Brisez tous les liens de malédiction, les esprits méchants et oppressions qui peuvent exister*[14]

Satan, l'ennemi de Dieu et de Ses enfants que nous sommes tentera toujours par jalousie et par envie

---

[14] Éphésiens 6:12 «Car nous n'avons pas à lutter contre la chair et le sang *(ce qui est physique seulement)*, mais contre les dominations, contre les autorités, contre les princes de ce monde de ténèbres, contre les esprits méchants dans les lieux célestes *(monde spirituel)*»

de créer des blocages dans nos vies pour nous empêcher de vivre épanouies et de posséder l'héritage que Dieu a prévu pour nous. Au sujet du diable, les chrétiens ont souvent des points de vue extrêmes. D'une part, certains chrétiens nient presque l'existence du diable alors que d'autres voient le diable partout.

La position qu'il faut adopter doit être équilibrée. En effet, la Bible confirme l'existence du diable et le fait qu'il n'est pas votre ami, il travaille de manière organisée avec son équipe de destruction pour vous nuire. Dans *Jean 10.10*, il est dit que « *Le voleur ne vient que pour dérober, égorger et détruire; moi, je suis venu afin que les brebis aient la vie, et qu'elles soient dans l'abondance.* »

Le diable présenté comme voleur dans ce passage ne travaille qu'à voler l'héritage des chrétiens, à détruire leur relation avec Dieu et à égorger. Il est important de prendre conscience de ce fait. Des blocages venant de l'ennemi peuvent survenir dans votre vie pour vous empêcher de vous marier et/ou semer le trouble dans votre couple.

L'ennemi peut le faire par exemple si des portes ont été ouvertes dans votre vie du fait de votre propre péché et/ou de ceux commis par vos ancêtres. Les œuvres telles que l'impudicité, la pornographie, la pédophilie, la prostitution, l'adultère...peuvent avoir ouvert des portes dans vos vies et créer des liens avec des esprits qui vous oppressent. Par ailleurs, certains parents également ont ouvert les portes dans la vie de leurs enfants en sacrifiant par exemple la vie maritale de ceux-ci pour obtenir des promotions, des richesses, des pouvoirs maléfiques...

En plus, vos parents ou ancêtres ont pu prononcer des paroles d'autorité sur votre vie qui peuvent vous empêcher de jouir de la bénédiction du mariage. Qu'importe ce qui a pu être fait dans votre famille, vous devez savoir que maintenant que vous êtes née de nouveau, vous avez été transférée du monde des ténèbres à celui de Dieu, l'ennemi n'a donc plus aucun droit de vous oppresser et les liens et chaînes qui demeurent encore n'ont plus le droit de demeurer dans votre vie parce que vous n'appartenez plus à la lignée naturelle de votre père et de votre mère mais vous appartenez maintenant à la lignée céleste de Dieu. Vous avez renoncé à votre héritage spirituel naturel et vous avez décidé de posséder celui de Dieu.

Pour rompre à jamais ces liens, vous devez suivre ces quatre étapes :

1- Reconnaissez le problème. Cette étape est souvent difficile et nécessite une direction du Saint-Esprit afin qu'Il ouvre vos yeux pour que vous constatiez le problème.

Voici quelques indices qui peuvent vous permettre de constater un problème, n'hésitez pas à valider avec le Saint-Esprit : *les femmes de votre famille ne se marient pas, celles qui se sont mariées ont divorcé ou ont des mariages qui ne sont pas heureux, les hommes/femmes de votre famille* sont infidèles, coureurs de jupons et se plaisent dans la débauche...

2- Demandez pardon à Dieu pour les péchés commis par vous et/ou pas vos ancêtres

3- Prenez autorité au nom de Jésus sur tout esprit, coupez et brisez tout lien satanique et de malédiction ancestrale au nom de Jésus. Levez-vous contre toute oppression spirituelle dans votre vie au nom de Jésus.

4- Renoncez à pratiquer toutes les œuvres des ténèbres qui ont ouvert des portes dans vos vies. Demandez au Saint-Esprit de renforcer les verrous de vos portes afin de ne plus laisser aucun accès à l'ennemi dans vos vies.

N'acceptez aucune cohabitation avec l'ennemi, décidez de renoncer totalement et entièrement au péché en menant une vie saine. Vous pouvez y arriver avec l'aide du Saint-Esprit qui est l'Esprit de sainteté et qui vous fortifiera et vous aidera à demeurer loin du péché.

Cette démarche doit être accomplie dans une attitude de foi. N'hésitez pas à recommencer et continuer de proclamer votre victoire qui est réelle en Christ jusqu'à ce que celle-ci soit totale et visible dans votre vie. L'ennemi tentera de vous déstabiliser en vous faisant croire que vous n'y arriverez jamais mais continuer de lui tenir tête en confessant votre victoire qui est certaine en Jésus Christ. En effet, *1 Corinthiens 15:57* «*Mais grâces soient rendues à Dieu, qui nous donne la victoire par notre Seigneur Jésus-Christ!»*. N'hésitez pas à contacter votre pasteur afin qu'il prie avec vous.

F- Apprenez à vous soumettre aux autorités

En devenant une nouvelle créature, une femme née de nouveau, vous décidez de faire de Dieu votre autorité suprême, celui duquel vous dépendez entièrement et qui a la souveraineté dans votre vie. Cependant, Dieu est l'autorité suprême mais reconnait également d'autres autorités qu'IL a lui-même établies auxquelles vous devrez vous soumettre. Ainsi, remettre en question ou désobéir à une autorité revient à désobéir à Dieu Lui-même qui les a établies. C'est un péché qui comme tout péché n'est pas sans conséquence *Romains 13.1-2 « Que toute personne soit soumise aux autorités supérieures; car il n y a point d'autorité qui ne vienne de Dieu, et les autorités qui existent ont été instituées de Dieu. C'est pourquoi celui qui s'oppose à l'autorité résiste à l'ordre que Dieu a établi, et ceux qui résistent attireront une condamnation sur eux-mêmes »*.

Apprenez à vous soumettre docilement et sans rébellion à toutes les autorités que Dieu a établies dans votre vie parmi lesquelles vos parents, vos professeurs, vos autorités politiques, votre pasteur, vos différents responsables.

Il est très important pour vous d'apprendre à vous soumettre aux autorités parce qu'en tant que femme mariée, vous devriez vous soumettre à votre époux que Dieu a établi comme votre chef dans le cadre de votre foyer.

La soumission n'est pas toujours chose facile surtout lorsque vous avez l'impression que l'autorité sous laquelle vous êtes commet une erreur ou agit à l'opposé de la volonté de Dieu. Apprendre dès à présent à demeurer dans une attitude de soumission en tout temps et toutes circonstances vous donnera de l'être plus facilement dans votre futur foyer.

G- Apprenez à servir les autres

La femme se marie pour plaire à son époux, combler ses besoins et s'offrir totalement à lui. La femme mariée doit faire le don de son temps, de ses talents, de son corps à son époux. Pour décider de se donner totalement et sans compter à son époux il faut apprendre à le faire avant d'entrer dans le mariage.

Décidez de mettre à profit votre temps et vos talents pour servir Dieu. De nombreuses possibilités existent dans l'église que vous fréquentez, vous pourrez les exploiter en fonction de vos talents. Laissez également le Saint-Esprit conduire votre choix. En plus du service à Dieu, n'hésitez jamais en fonction de vos contraintes personnelles à aider les personnes de votre entourage. Veillez cependant à ne pas vous laisser exploiter. Vous pourrez par exemple, veiller sur vos petits frères, vos neveux, faire le ménage chez une sœur malade, faire les courses de vos voisins âgés...Soyez toujours disponible à aider votre prochain!

Cette qualité de « serviteur » vous aidera à servir et vous donner d'autant plus facilement à votre époux et vos enfants dans le cadre de votre futur foyer. Je reconnais que j'éprouve beaucoup de joie à servir les autres dans mon église à différents niveaux. Je me rends compte que plus je sers, plus j'aime servir et plus il est facile pour moi de me mettre au service des autres, de répondre à leurs besoins et combler leurs attentes.

La préparation spirituelle est très importante, je ne le dirais jamais assez, votre relation avec Dieu est votre bien le plus précieux, chérissez-la et ne laissez rien ni personne vous éloigner de votre créateur. Une préparation spirituelle de qualité influera fortement sur tous les aspects de votre vie et particulièrement sur votre préparation sur le plan émotionnel.

> Votre relation avec Dieu est votre bien le plus précieux, chérissez-la et ne laissez rien ni personne vous éloigner de votre créateur

Chapitre 3 : préparation sur le plan émotionnel

L'être humain est un esprit qui possède une âme et qui vit dans un corps **1 Thessaloniciens 5:23** *«Que le Dieu de paix vous sanctifie Lui-même tout entiers, et que tout votre être, l'esprit, l'âme et le corps, soit conservé irrépréhensible, lors de l'avènement de notre Seigneur Jésus-Christ!»*. Vous avez donc une âme. A votre nouvelle naissance, votre esprit est né de nouveau et votre âme elle sera restaurée au fur et à mesure de votre marche chrétienne.

Le mot « *âme* » vient du latin « *anima* »[15] qui signifie *souffle, vie*. L'âme est le siège de vos pensées, de vos émotions et de votre volonté. Une préparation sur le plan émotionnel consistera à laisser le Saint-Esprit restaurer et transformer toutes les différentes parties qui constituent votre âme.

---

[15] *Définition du dictionnaire Larousse*

A- Décidez de penser comme Dieu pense

D'après le dictionnaire Larousse, « *la pensée* » est un ensemble d'idées qui sont propres à une personne. En naissant de nouveau, vous gardez vos pensées et celles-ci sont différentes de celles de Dieu *Ésaïe 55.* 8 « *Car mes pensées ne sont pas vos pensées, Et vos voies ne sont pas mes voies, Dit l'Eternel*».

Dans *Romains 12.2*, l'apôtre Paul dit « *Ne vous laissez pas modeler par le monde actuel, mais laissez-vous transformer par le renouvellement de votre pensée, (...)*» Et plus loin dans *2 Corinthiens 10.5* « *ainsi que tout ce qui se dresse prétentieusement contre la connaissance de Dieu, et nous faisons prisonnière toute pensée pour l'amener à obéir au Christ.*»

> Les pensées qui viennent de Dieu sont disponibles et en libre accès dans la Bible

Penser comme Dieu vous demandera d'identifier les pensées que vous avez et qui viennent de « vous », du « monde » et du « diable » et les remplacer par les pensées qui viennent de Dieu. Or les pensées qui viennent de Dieu sont disponibles et en libre accès dans la Bible. Le renouvellement de vos pensées passera donc par la lecture et la méditation quotidiennes de la parole de Dieu afin que celle-ci puisse vous transformer en profondeur. Lorsque vous étudiez la parole de Dieu et que ce que vous lisez est contraire à ce que vous pensez, ne résistez pas à la parole de Dieu mais acceptez-la et pratiquez-la.

Vos traditions, la culture dans laquelle vos parents vous ont élevée, les pensées en vogue dans le monde, les pensées de l'ennemi...ne doivent jamais prendre le pas sur la parole de Dieu. Plus vous accepterez de vous laisser transformer par la parole de Dieu, plus vous acquerrez les pensées de Dieu et plus Dieu pourra vous faire connaître Sa volonté pour votre vie. Rejetez fermement toutes les pensées qui ne sont pas de Dieu, ne perdez pas votre temps à réfléchir à ces pensées mais décidez toujours de donner la priorité en toutes choses à votre Dieu.

De manière générale, assurez-vous de penser comme Dieu à propos de ces quatre sujets:

- *Vous :* croyez que vous êtes ce que Dieu dit que vous êtes ; Que vous possédez ce que Dieu dit que vous possédez ; Que vous pouvez faire tout ce que Dieu dit que vous pouvez faire...confessez la parole de Dieu sur vous et vous la verrez s'accomplir.
- *Votre relation avec Dieu :* ayez une relation basée sur l'amour véritable et pas sur un ensemble de lois, d'interdits, n'ayez donc pas des pensées basées sur la loi afin de devenir légaliste.
- *Les « autres »:* l'un des commandements de Dieu pour nous est d'aimer notre prochain comme nous-mêmes. Vous devrez donc veiller à

avoir des pensées empreintes d'amour envers votre prochain. Refusez d'être offensée et de garder des pensées d'amertume qu'importe ce que les autres ont pu vous faire. En toutes choses, pardonner comme vous aimeriez être pardonnée. Aimez les autres mais ne vous laissez ni dominer, ni exploiter par eux.

- **Vos circonstances** : croyez que parce que vous faîtes confiance à Dieu, Il ne vous abandonnera jamais *Ésaïe 13.5 « (...) Je ne te délaisserai point, et je ne t'abandonnerai point ». C'est donc avec assurance que nous pouvons dire: Le Seigneur est mon aide, je ne craindrai rien; que peut me faire un homme? »* et que Dieu est capable de transformer en votre avantage toute situation même difficile, même si vous avez commis des erreurs. Joseph, l'un de mes personnages préférés dans la Bible, a été vendu par ses propres frères, a été accusé injustement par la femme de Potiphar, son maître, a été oublié pendant deux ans par l'employé du Roi qu'il avait aidé en prison...mais qui a connu une fin glorieuse en devenant le premier ministre de la nation la plus puissante de l'époque. Dieu avait programmé que Joseph sauverait sa famille de la famine en l'envoyant en Egypte avant eux. Parfois, Dieu a une curieuse manière de faire les choses c'est pourquoi Il dit dans *Ésaïe 55.8 « Mes voies ne sont pas vos voies »*. Connaissant ces choses, votre cœur peut être dans la paix sachant que celui qui vous a appelé est fidèle même quand vous ne l'êtes pas!

De manière générale, veillez à ce que vos pensées soient en accord avec *Philippiens 4.8 « Au reste,* frères, que tout ce qui est vrai, tout ce qui est honorable, tout ce qui est juste, tout ce qui est pur, tout ce qui est aimable, tout ce qui mérite l'approbation, ce qui est vertueux et digne de louange, soit l'objet de vos pensées.» pour cette raison, aucune pensée impure, méchante, négative, déshonorante...ne devrait être votre partage.

Action à faire

Maîtrisez ce que vous pensez et dirigez toujours vos pensées vers le bien.

Face aux « mauvaises » pensées persistantes et qui vous harcèlent et vous oppressent, vous devez:

- comprendre qu'elles ne viennent pas de vous mais du diable
- prendre autorité sur elles et les obliger à obéir au Christ, **2 Corinthiens 10.5** dit *« ainsi que tout ce qui se dresse prétentieusement contre la connaissance de Dieu, et nous faisons prisonnière toute pensée pour l'amener à obéir au Christ. »*
- confessez et proclamez de votre bouche des pensées positives et en accord avec la parole de Dieu

Réalisez que chaque fois que vous proclamez la parole de Dieu, les anges l'entendent et obéissent à la parole que vous prononcez **Psaumes 103.20** *«Bénissez l'Éternel, vous Ses anges, qui êtes puissants en force, et qui exécutez Ses ordres, en obéissant à la voix de Sa parole! »*.

B- Maîtrisez vos émotions

Notre âme est également le siège de nos émotions. Une *émotion* est une réaction à un stimulus affectif, environnemental ou psychologique. Il existe des émotions positives (joie, émerveillement…) et celles négatives (tristesse, colère, mélancolie…). Le mot d'ordre est donc de bien jouir de vos émotions positives et de maîtriser celles qui sont négatives.

Ne vous laissez pas dominer par vos émotions, prenez soin de demeurer d'humeur stable et calme qu'importe les situations que vous traversez. A présent, passons deux émotions négatives au peigne fin.

> Ne vous laissez pas dominer par vos émotions, prenez soin de demeurer d'humeur stable et calme qu'importe les situations

La colère

La Bible ne nous demande pas de ne pas nous mettre en colère puisqu'il y aura toujours des situations telles que l'injustice, la trahison, la fausse accusation…, des personnes qui vous mettront en colère mais même lorsque vous vous mettez en colère, maîtrisez-vous. La Bible dit que si vous vous mettez en colère ne péchez pas[16] et d'autres versets bibliques montrent également l'importance de ne pas demeurer longtemps sous la colère.

Psaumes 145.8 « L'Éternel est miséricordieux et compatissant, lent à la colère et plein de bonté. »

Psaumes 103.9 « Il ne conteste pas sans cesse, Il ne garde pas Sa colère à toujours ; »

Proverbes 19.11 « L'homme qui a de la sagesse est lent à la colère, Et il met Sa gloire à oublier les offenses. »

Notez que le grand Moïse n'est pas entré dans la terre promise et n'a donc pas pu hériter de la promesse à cause de la colère qu'il a manifestée devant le rocher. En fait, au lieu de parler au rocher comme demandé par Dieu, il a frappé le rocher deux fois alors que ce rocher était une représentation de Christ. **Nombres 20.12** *« Alors l'Eternel dit à Moïse et à Aaron: « Puisque vous n'avez pas eu assez confiance en Moi pour respecter Ma sainteté devant les Israélites, vous ne ferez pas entrer cette assemblée dans le pays que Je lui donne. »*

Ne faites pas la même erreur que Moïse, qu'aucune émotion et pas même la colère ne vous empêche de prendre possession de votre héritage en Christ. Dans mon parcours, j'ai rencontré des femmes qui ont brisé leur ménage à cause des querelles prove-

---

[16] *Ephésiens: 4.26 « Si vous vous mettez en colère, ne péchez point ; que le soleil ne se couche pas sur votre colère, »*

nant de la colère qu'elles manifestaient à leur époux au quotidien.

La dépression
Les décès, les échecs répétés…peuvent causer une tristesse prolongée ou de la dépression. Cependant, prenez garde à vous et ne demeurez pas dans cet état. Tout le monde passe ou est passé par de tels moments et même le roi David qui a choisi de louer Dieu au lieu de laisser son âme dans la tristesse. *Psaumes:43.5 «Pourquoi t'abats-tu, mon âme, et gémis-tu au dedans de moi ? Espère en Dieu, car je le louerai encore ; Il est mon salut et mon Dieu»*

De même que le Roi David, décidez de revêtir le vêtement de joie en toutes circonstances, de ne pas laisser votre âme s'abattre mais de compter sur le Saint-Esprit[17] qui est votre consolateur par excellence. Pleurez devant Dieu, déchargez sur Lui tous vos fardeaux et Il prendra soin de vous. Laissez l'huile de joie qu'est le Saint-Esprit vous gardez joyeuse.

Permettez-vous également d'être joyeuse parce que parfois dans certaines situations, nous culpabilisons si nous sommes joyeuses. Croyez-moi, cette culpabilité ne vient pas de Dieu car Dieu nous ordonne d'être toujours joyeuses. Pour ma part, auparavant, je ne me permettais pas d'être joyeuse

---

[17] Jean: 14.26 «Mais le *consolateur*, l'Esprit Saint, que le Père enverra en mon nom, vous enseignera toutes choses, et vous rappellera tout ce que je vous ai dit»

lorsque j'avais un problème dans ma vie. Je me culpabilisais si j'étais heureuse alors que l'une de mes sœurs traversait une difficulté par exemple. Aujourd'hui, j'ai compris que pour des situations pour lesquelles je ne peux rien changer, la seule chose que je puisse faire est de la remettre entre les mains de Dieu et demeurer dans la paix et la joie, tout en ayant confiance en Dieu.

Action à faire

1) En toutes situations, choisissez de demeurer dans le calme et la tranquillité et alors Dieu pourra agir dans votre situation. *Esaïe: 30.15* «*Car ainsi a parlé le Seigneur, l'Éternel, le Saint d'Israël : C'est dans la tranquillité et le repos que sera votre salut,* C'est dans le calme et la *confiance que sera votre force.*»

2) Cultiver la joie et demeurer toujours joyeuse *1 Thessaloniciens: 5.16* « *Soyez toujours joyeux* »

C- Soumettez-vous à la volonté de Dieu

Plus vous allez lire, écouter, accepter et mettre la parole de Dieu en pratique, plus vous pourrez expérimenter la vie de Dieu et donc comprendre la volonté de Dieu pour votre vie. La décision ferme de mettre la parole de Dieu au centre de votre vie est le commencement d'une vie transformée en Christ.

La Bible est claire à ce sujet, ainsi la suite de *Romains 12.2* dit «*Ne vous conformez pas au siècle présent, mais soyez transformés par le renouvellement de l'intelligence, afin que vous discerniez quelle est la volonté de Dieu, ce qui est bon, agréable et parfait.*», seul un renouvellement de votre pensée possible au travers de la Parole de Dieu pourra vous aider à connaître la volonté de Dieu pour vous.

> Seul un renouvellement de votre pensée possible au travers de la Parole de Dieu pourra vous aider à connaître la volonté de Dieu pour vous.

Prenons quelques exemples, la volonté de Dieu est qu'une femme née de nouveau puisse se marier avec un homme née de nouveau **uniquement** ; la volonté de Dieu est que les parents soient honorés qu'importe ce qu'ils ont fait ou n'ont pas fait ; la volonté de Dieu est que nous aimions notre prochain comme nous-mêmes.

Si vous lisez ces paroles, les acceptez et les pratiquez alors seulement vous serez capable de faire la volonté de Dieu, celle qui Lui est agréable!

En plus de la Bible qui peut vous conduire à connaître la volonté de Dieu, le Saint-Esprit, notre fidèle ami peut nous diriger, nous parler par Sa douce voix pour tous les aspects de nos vies. Je me rappelle qu'il y a trois ans, des amies m'avaient proposé d'intégrer leur groupe de femmes dont l'objectif était de se challenger financièrement. J'avais ressenti le témoignage intérieur qui me disait de ne pas intégrer ce groupe. Cependant, j'aime beaucoup me mettre avec d'autres personnes pour réfléchir sur des questions liées à l'argent. J'ai donc fait fi de mon témoignage intérieur et j'ai quand même participé à certaines activités et croyez-moi très vite, j'ai compris que je n'y avais rien à faire. Je me suis donc retiré de ce groupe en perdant au passage plusieurs euros et mon précieux temps. Forte de cette expérience, je veux véritablement faire SEULEMENT la volonté de Dieu. Dieu me connaît mieux que moi-même, alors mieux vaut Lui faire confiance et me soumettre totalement à SA VOLONTE.

D- Apprenez à être une amie véritable

L'épouse est appelée à être l'amie de son époux. Développer, maintenir et réussir des relations amicales avant votre mariage vous aideront.

- Apprenez à être une confidente, à recevoir les secrets, les faiblesses, les projets sans les divulguer, sans juger et avec amour.
- Apprenez à écouter de manière attentive sans interrompre vos interlocuteurs.
- Apprenez à gérer les conflits, à confronter vos amis de manière assertive et constructive.

- Apprenez à identifier quel(s) est/sont le (s) langage(s) d'amour des personnes qui vous sont proches et à combler leurs besoins affectifs.
- Apprenez à encourager, votre futur époux et vos enfants auront besoin que dans leurs moments de lassitude, tristesse...vous puissiez les encourager à se relever et à regarder de l'avant.
- Apprenez à vous réjouir avec ceux qui se réjouissent. Parfois, il est plus facile de pleurer avec ceux qui pleurent que de se réjouir avec ceux qui se réjouissent surtout lorsque ceux-ci obtiennent ce après quoi nous soupirons, ce n'est vraiment pas un acquis, alors apprenez à le faire dès aujourd'hui.
- Apprenez à pleurer avec ceux qui pleurent sans juger, sans trop parler...parfois juste une présence, une tape sur l'épaule peut aider. Apprenez à le faire.
- Apprenez à vous tenir à la brèche, à intercéder pour vos amis jusqu'à ce que la réponse de Dieu arrive. Je pense que ce n'est pas toujours acquis surtout lorsque les situations tardent à changer. Peu d'amis tiennent le coup et soutiennent leur ami lorsque ceux-ci passent par des situations difficiles, incompréhensibles et qui perdurent. Soyez comme Elihu l'ami de Job et non comme ses frères, sœurs et amis qui l'ont rejeté pendant les moments d'adversité qu'il subissait et sont revenus pendant les moments de joie et d'abondance. Votre époux aura besoin de vous pour l'aider à soulever/déplacer les montagnes de sa vie. Entraînez-vous-y dès à présent.
- Apprenez à faire les reproches avec amour et douceur

- Apprenez et développez une présence qui apaise les autres. En tant qu'épouse, il vous arrivera d'apaiser et calmer votre époux qui peut être sous pression pour des raisons professionnelles et personnelles.
- Apprenez à conseiller les autres. Le Saint-Esprit est le conseiller par excellence. L'une des qualités de la femme vertueuse du **Proverbes 31.15** est qu'elle ouvre sa bouche avec sagesse et que de bons conseils en sortent. Apprenez à laisser le Saint-Esprit prendre le contrôle de votre bouche afin de conseiller au travers d'elle.
- Apprenez à dire « non », à fixer les limites au prochain avec amour et douceur. Que personne ne vous exploite donc et n'abuse de vous.
- Apprenez à être loyale dans vos amitiés. Ne soyez pas de ces amis qui se permettent de médire, calomnier voire trahir leur « ami » sous la pression ou tout simplement par jalousie et méchanceté.

Oui apprenez à être une amie dont la présence et l'amour grandit davantage dans des situations difficiles et se renforcent au fil des années.

Par ailleurs, prenez conscience du fait que vos amitiés peuvent vous propulser ou vous rabaisser, il faut donc les choisir avec sagesse. Faites attention à vos relations avec les personnes qui ont un style de vie, des valeurs différentes des vôtres et de celles de Christ. Les mauvaises compagnies corrompent les bonnes mœurs et comme le précise encore le **Proverbe 22.24-25** *« Ne fréquente pas l'homme colère, ne va pas avec l'homme violent, de peur* *que tu ne t'habitues à ses sentiers, et qu'ils ne deviennent un piège pour ton âme* ». Gardez-vous donc de fréquenter des personnes qui pourraient vous influencer et vous amener à pécher.

Si vous devez éviter les mauvaises compagnies, choisissez au contraire de vous entourer de personnes qui partagent vos valeurs chrétiennes, qui aiment le Seigneur et souhaitent Lui être agréables. Aimez donc la compagnie des personnes sages qui vous aiment tellement qu'elles ne veulent pas vous voir gâcher votre vie en vous faisant des reproches à propos. Rappelons-nous toujours que c'est celui qui aime les reproches qui est sage[18].

E- Gérez bien vos relations d'amitié avec les hommes

En tant que femme née de nouveau, les relations avec des personnes du sexe opposé sont possibles et même souhaitables. Toutefois, veiller à respecter certaines règles qui vous empêcheront de tomber dans des relations ambigües ou voire pire de pécher. Les voici :

---

[18] *Proverbes 13:20* « Celui qui marche en compagnie des sages devient sage et celui qui fréquente des hommes stupides se retrouvera en mauvaise posture. » *Proverbes 15:5* « Le fou méprise l'instruction de son père, mais celui qui tient compte du reproche fait preuve de sagesse »

1) Gardez-vous de rester seule avec un homme dans des endroits obscurs, isolés et tard le soir même si l'homme en question est un frère du style TTS (Très Très spirituel) que vous connaissez depuis la crèche. Faites attention à ne pas créer des occasions de chute inutiles. Si vous ne le saviez pas encore, je vous annonce que Wonder woman n'a jamais existé et malheureusement vous ne serez pas la première. Pourquoi rester prudente ?

• Parce que vous avez un témoignage et une réputation à conserver. Contrairement, à ce que nous croyons les gens nous observent et plus encore lorsque nous sommes chrétiens. A votre avis, que penseraient les gens s'ils vous voyaient sortir tôt le matin ou tard le soir du domicile d'un frère/ homme célibataire qui habite seul.

• Parce que la chair est faible tout simplement. Plus vous côtoyez une personne, plus vous l'appréciez, plus vous l'aimez et il suffira alors d'une seule occasion favorable à la chair (vos doigts sui se croisent malencontreusement en voulant attraper la boîte de sel...) pour la réveiller. Ne vous surestimez pas, ne jouez pas avec le feu, Samson l'a fait et s'est retrouvé avec les deux yeux crevés alors Prudence!

2) Gardez-vous d'entretenir des « amitiés ambigües » avec des frères. J'entends par « amitiés ambigües » des amitiés qui poussent à confusion. Par exemple, vous êtes si proche d'un frère en public qu'on se demande si vous êtes fiancés sauf que personne ne se souvient exactement du jour où

a eu lieu votre présentation officielle. Pourquoi être prudente?

- Pour votre propre bien. Je me souviens du témoignage de cette sœur nous l'appellerons Mady, très déçue parce qu'à un certain moment et sur une longue période, plus d'un an, elle était très proche du frère Grégoire, ils sortaient souvent ensemble…ils s'appréciaient à tel point que Mady attendait la demande en mariage qui malheureusement ne venait pas. Mady se disait que ce n'était qu'une question de temps avant que Grégoire ne fasse sa déclaration. Seulement, Mady apprit par hasard les fiançailles de Grégoire. Imaginez sa déception.

Généralement, les femmes se font vite des films, d'où l'importance pour nous d'être fermes et franches. Mon conseil, si un frère vous aime bien, vous appelle souvent, vous invite à sortir… il vaut parfois mieux lui demander directement quelles sont ses intentions à votre égard. Ne demeurez pas dans une relation où vous n'êtes pas sur la même longueur d'onde parce que vous vous faîtes des films où il n y en a pas. Au final, vous risquez d'être déçue.

- Pour ne pas perdre vos opportunités. Dans l'histoire de Mady relatée ci-dessus. Il faut savoir que comme Mady, tout son entourage était persuadé que Grégoire et Mady étaient fiancés, seulement, il n'en était rien. Du coup, un frère intéressé par Mady aurait eu du mal à approcher Mady puisqu'elle paraissait déjà si heureuse avec Grégoire. Mon conseil, ne vous affichez pas trop avec un frère avec lequel vous n'êtes pas officiellement fiancés. Ne gâchez pas vos possibilités.

3) Gardez-vous d'être légère dans vos relations avec les personnes du sexe opposé. Faites attention à la manière avec laquelle vous parlez, touchez, regardez les hommes. Faites attention à vos conversations, refuser de tomber dans la vulgarité et des paroles légères. Ne laissez pas les hommes vous toucher, vous regarder et vous parler n'importe comment. N'hésitez pas à rompre ou vous éloigner de tout homme qui refuse de respecter vos principes. Exigez d'être traitée de manière digne et respectueuse. Vous êtes une femme de valeur, ne l'oubliez pas!

L'une de mes astuces a souvent été de pratiquer des prières préventives. Chaque fois, que je me rends compte que ma relation avec un frère devient « limite », je prends d'office un temps pour prier à ce sujet. Je ne laisse pas les choses se faire et ma chair me diriger, mais je demande à Dieu dans la prière « Qui est ce frère pour moi ? », je prie pour mon cœur, pour dominer tout désir coupable de ma chair face à ce frère et pour me fortifier afin de ne pas tomber dans la tentation.

Par ailleurs, connaissant mes faiblesses, je me refuse de devenir « intime » avec des personnes du sexe opposé. Je ne laisse pas mes conversations être trop intimes. Je ne me permets pas non plus de discuter à des heures tardives et même au téléphone avec des frères sauf cas exceptionnels (travails urgents à réaliser ou situations extrêmes qui ne peuvent attendre le lendemain). Je reconnais que parfois ma discipline peut paraître rigide mais c'est parce que j'ai pris conscience de la faiblesse de ma chair. Je peux m'associer à l'apôtre Paul pour dire « *Misérable que je suis! Qui me délivrera du corps de cette mort?*»[19].

F- Soyez mentorée

Autant que cela soit possible, ayez une mentore, une femme mariée craignant Dieu dont le mariage jouit d'un bon témoignage. Le rôle de celle-ci sera de vous partager son expérience, de répondre à vos questions et d'être un soutien pour vous. A cause de la position stratégique que celle-ci peut avoir, il est important qu'il y ait une très bonne relation entre vous, que vous ayez un amour réciproque et éprouvé. Assurez-vous également que votre mentore vous aime et veuille vous voir réussir sans en éprouver de la crainte, ce n'est pas toujours chose acquise. Eh Oui, Saul en est l'exemple vivant. Votre mentore pourra être votre mère, votre sœur aînée, votre responsable à l'église, une amie fidèle et plus âgée. L'important étant que les choses se fassent de manière naturelle sans forcer le contact et avec amour.

Profitez au maximum de votre mentore. N'hésitez pas à passer du temps avec elle, à l'aider dans ses

---

[19] *Romains 7.24*

différentes tâches ménagères, à l'aider en gardant ses enfants ou en lui offrant divers services. L'objectif étant de passer suffisamment de temps avec elle pour voir comment elle gère sa vie de couple et apprendre d'elle.

L'Apôtre Jean exhorte Gaius à **prospérer à tous égards comme prospère l'état de son âme**. Une âme prospère aura une influence certaine sur l'aspect physique qui prospèrera tout autant. Ce rayonnement extérieur doit être intensifié par une mise en valeur sage et réfléchie.

Chapitre 4 : préparation sur le plan physique

Proverbes 12:4 « Une femme vertueuse est la couronne de son mari, (...) mais celle qui fait honte est comme la carie dans ses os. » La femme mariée se doit donc d'être la couronne de son mari, mais qu'est une couronne exactement ?

A- Appelée à être une couronne

Le dictionnaire Larousse définit une *couronne* comme un *« Cercle de métal précieux, richement orné, qui enserre la tête comme un insigne de dignité, d'autorité, de puissance »*. Proclamer que la femme mariée est une couronne pour son mari, c'est admettre que la femme mariée est un insigne qui révèle la dignité, l'autorité et la puissance de son époux. Autrement dit, une femme mariée révèle l'aura, la gloire, la personalité de son époux. Les époux qui le comprennent feront très attention à la manière avec laquelle ils prennent soin de leur épouse, puisqu'en prenant soin d'elle, ils prennent soin de leur propre « gloire ». Nous comprenons alors, pourquoi le Roi Assuérus après avoir montré ses richesses, sa puissance et son autorité au travers de la qualité des festivités qu'il organisa pour ses convives, décida d'appeler la Reine Vasthi qui devait éblouir l'assemblée par sa beauté et ainsi définitivement révéler et confirmer la gloire de son époux, le roi, aux yeux de tous[20].

> La femme mariée est un insigne qui révèle la dignité, l'autorité et la puissance de son époux

La plupart des hommes qui l'ont compris d'après ce que j'ai pu observer choisissent toujours d'épouser des « *femmes belles de taille et de figure* ». Adam n'a pas dérogé à cette règle. En effet, après avoir VU Eve, il s'écria « *Voici cette fois, celle qui est os de mes os et chair de ma chair*»[21]. Adam a VU et aujourd'hui encore beaucoup d'hommes VOIENT. Vous l'aurez compris, votre futur époux devra aussi VOIR, il est donc important en tant que femme de soigner votre apparence physique.

B- Soignez votre apparence physique

Pour mettre l'accent sur la beauté d'une femme dans la Bible, l'expression « *femmes belles de taille et de figure* » est utilisée. Pour être de telles femmes, une attention particulière devra être por-

---

[20] Esther 1.11 « d'amener en sa présence la reine Vasthi, avec la couronne royale, pour montrer sa beauté aux peuples et aux grands, car elle était belle de figure. »
[21] Genèse 2.23

tée sur différents éléments : les cheveux, le visage, les dents, les mains, la taille, les pieds...

Les cheveux
De manière générale, assurez-vous d'avoir des cheveux bien coiffés, propres et attrayants. J'ai souvent constaté que des cheveux bien coiffés rehaussent tout de suite l'aspect général de la femme. Ce n'est pas pour rien, que l'apôtre Paul précise **que la chevelure a été donnée à la femme en guise de voile**[22].

De nombreux styles de coiffure existent en fonction de son type de chevelure et de son désir, n'hésitez pas à les essayer, à changer souvent. Les perruques ? Pourquoi pas mais n'en abusez pas. A ce qu'il paraît, très peu d'hommes les apprécient vraiment.

Le visage
Prenez conscience du grain de peau de votre visage (sèche, grasse, normale) et en fonction de cela, appliquez les soins qui vous conviennent. Des gommages réguliers, des lotions, des gels lavant adaptés vous permettront d'avoir une peau du visage libre des impuretés et un teint éclatant et uniforme. Si vous y êtes allergiques, évitez les repas gras, les cacahuètes qui peuvent vous donner des boutons, se transformer en points noirs et marquer votre visage. Eviter également de percer les boutons avec vos doigts, ce n'est pas hygiénique et en plus cela laisse

---

[22] *1 Corinthiens 11.15*

des taches. Vous pourrez trouver de précieux conseils sur internet et en fonction de vos moyens, n'hésitez pas à consulter un dermatologue ou une esthéticienne selon vos besoins. A votre persévérance, répondra un beau visage d'un teint frais, uniforme et éclatant.

Les dents
Vos dents belles et blanches représentent une arme redoutable car rappelez-vous que vous devez être joyeuse et la joie se manifeste généralement par le sourire. Deux brossages minimum par jour le matin et le soir d'une durée minimum de deux minutes sont souhaitables. N'oubliez pas de brosser également votre langue.

Pour garder une haleine fraîche toute la journée, n'hésitez pas à utiliser des chewing gums mais prenez conscience du fait que ceux-ci vous font gonfler le ventre, l'action de mastication fait entrer de l'air par votre bouche qui va se loger dans votre ventre et le gonfle. Pour éviter cet inconvénient, pensez également à utiliser des bonbons mentholés sauf que leur effet est moins durable que les chewing gums. A vous de choisir!

Pour lutter contre la teinte des dents, pensez à vous brosser avec du bicarbonate de soude.

Par ailleurs, pour celles qui ont des dents mal alignées, un orthodontiste pourra vous aider à leur donner un meilleur alignement, c'est un peu couteux, mais le résultat est intéressant.

En femme chrétienne, vous pratiquez surement des jeûnes comme recommandé dans la bible. Faites donc doublement attention à votre haleine pendant ces temps-là, les longs jeûnes de 2 à 3 jours à sec sont éprouvants pour votre haleine, prévoyez de vous brosser les dents au cours de la journée.

Les mains et les pieds
Elles sont nombreuses, les personnes qui se sentent aimées lorsqu'elles sont touchées, il serait donc désagréable de se faire toucher par des paumes rugueuses, des crèmes pour main pourront faire l'affaire. Que vous choisissez de vernir vos ongles ou pas, assurez-vous de les garder propres. Pour les conserver tels, éviter de vous gratter la peau ou les cheveux.

De temps à temps, faites brosser vos pieds ou gommez les avec des crèmes adaptées pour enlever les peaux mortes. De même, un vernis pourra rehausser vos orteils surtout si vous portez des chaussures ouvertes ou des sandales. De manière générale, des vernis de couleurs vives (rouge, noir, mauve…) seront les bienvenus.

La taille
De nos jours, la mode est aux femmes à taille fine. Je pense que les femmes à forte corpulence sont toutes aussi magnifiques. Toutefois, à moins que ce ne soit un problème médical, il est important et bénéfique de suivre sa ligne, de ne pas trop prendre de l'embonpoint. Le surpoids, l'obésité sont des causes de maladies graves (diabète, hypertension,

Arrêt Cardio-Vasculaire...). C'est clair que ce n'est pas évident de se maîtriser devant ces mets gras, sucrés...et si bons, mais faites un effort, retenez-vous ! Faites de l'exercice. Votre corps vous remerciera et vos vêtements seront d'autant plus faciles à trouver.

Votre hygiène corporelle
Lavez-vous le corps au moins une fois par jour et l'idéal est de le faire deux fois par jour (le matin et le soir). Privilégiez des savons ou gels douche qui sentent bon et vous gardent fraîche pendant une longue période.

Pour rester fraîche et éviter les petites odeurs, des protège slips peuvent faire l'affaire. Pour vos aisselles, le citron marche très bien. Frottez-le sur vos aisselles, ceci diminue les odeurs de transpiration et les évite de noircir.

Pour sentir bon tous les jours, privilégiez un parfum léger, doux qui vous convienne. Pour vos sorties « plus habillé », des parfums plus élaborés pourront faire l'affaire. Choisissez toujours des senteurs que vous aimez et que le grand nombre appréciera.

Votre démarche
La démarche est souvent négligée mais ne devrait pas au contraire. Une belle démarche en dit long sur votre confiance en vous-même. Veillez donc à avoir une démarche droite, à garder la tête haute, à regarder droit devant vous, à garder un visage paisible et ouvert à l'autre. Autant que possible,

éviter de marcher tête baissée, à vous traîner, à avoir le visage fermé, la démarche pressée.

Lorsque vous arrivez quelque part surtout dans des endroits où vous devriez éprouver du stress (entretien d'embauche, rendez-vous avec une autorité...), prenez toujours 1 ou 2 secondes pour vous «poser», ceci a l'air anodin mais cela aide réellement à garder son calme.

> Une belle démarche en dit long sur votre confiance en vous-même

Votre maquillage

Aujourd'hui, il est possible de se maquiller comme une star et de manière professionnelle. Le domaine du maquillage a vraiment été démocratisé ces dernières années. Cependant, pour ma part, je pense que le maquillage ou « *make up* » en anglais est fait pour rehausser votre beauté naturelle. Les maquillages super élaborés qui vous donnent un visage complètement différent du vôtre, j'ai un peu l'impression que c'est une tromperie. Maquillez-vous mais n'en abusez pas, c'est mon opinion.

De nombreuses vidéos réalisées par des experts ou des amateurs circulent sur youtube, tout y est. Prenez le temps de les regarder et d'apprendre. Par ailleurs, dans les magasins de cosmétiques, vous pourrez vous faire maquiller gratuitement et rencontrer des spécialistes qui vous aideront à choisir votre fonds de teint, vous épiler, réaliser un maquillage du soir, du jour.

Mon mot de la fin à ce sujet, ne devenez pas une femme superficielle car la Bible dit que *Proverbes 31.30 « c'est la femme qui craint l'Eternel qui sera louée »*. Votre apparence physique n'est certes pas à négliger mais le plus important et primordial sera toujours votre relation avec Dieu, c'est votre cadeau le plus précieux, chérissez-la toujours.

C- Concoctez-vous une garde-robe de princesse

Avez-vous remarqué que la Bible fait souvent mention des vêtements que portent les différents personnages évoqués? Les vêtements que nous portons ont une certaine importance. En effet, les vêtements expriment l'état d'esprit, révèlent le statut social, donnent un indice sur la vertu des personnes qui les portent. Pour toutes ces raisons, ils ne doivent pas être choisis au hasard.

Evitez de vous habiller de manière provocante
Dans la Bible, nous pouvons constater que les prostituées pouvaient être reconnues à leur tenue vestimentaire. Je suppose que celles-ci s'habillaient de manière légère, trop court, trop moulant, et n'avaient pas honte de dévoiler une partie de leur corps. Aujourd'hui, les vêtements ont tendance à être courts, trop moulants et transparents. Si à l'époque seules les prostituées s'habillaient de manière provocante, de nos jours, la mode a tendance à rendre toutes les jeunes femmes « prostituées ». En tant que femme chrétienne, faites donc très attention. N'ayez pas peur de ne pas vous con-

former au monde et de refuser de vous vêtir comme tout le monde. Décidez véritablement de vous vêtir avec élégance et dignité. Je vous confirme que c'est possible! Vous prendrez peut être plus de temps pour trouver de belles pièces qui vous mettront en valeur sans vous dénuder mais au pire des cas vous pouvez choisir de les confectionner chez un couturier selon votre goût.

Sortez de l'ordinaire et créez votre propre style
Créez un style adapté à votre morphologie, à votre personnalité et à vos activités. Dans vos temps libres, pourquoi ne pas faire une séance d'essayage chez vous ? Réfléchissez aux compositions que vous ferez avec la chemise bleue achetée l'été dernier, avec le pantalon rouge que vous n'avez pas porté depuis bientôt deux ans...Imaginez des tenues, essayez, validez et mettez-les en réserve! Cette petite séance d'essayage vous aidera à passer moins de temps devant votre garde-robe le matin.

Demandez conseil au meilleur des stylistes
L'Esprit de Dieu vous enseignera toutes choses, faîtes-Lui confiance, Il est compétent dans tous les domaines. Laissez-Le vous guider, vous montrer et dire quoi mettre. Par exemple, commencez par Lui demander quelle tenue serait adéquate pour le prochain culte et laisser vous conduire. Je me rappelle de cette histoire contée par une femme chrétienne qui ne croyait pas du tout que le Saint Esprit s'intéressait à son habillement jusqu'au jour où elle demanda au Saint-Esprit de la conseiller dans le choix de la tenue qu'elle mettrait pour aller au culte du dimanche. Elle eut à cœur de mettre une

tenue et le nombre de compliments qu'elle reçut le jour où elle l'a mis était incroyable…Depuis, cette femme croit en la capacité du Saint-Esprit de la diriger en toutes choses.

> Demandez conseil au meilleur des stylistes : Le Saint-Esprit !

Les indispensables de votre garde-robe

Mon premier conseil, vous n'avez pas besoin d'accumuler. Comprenez bien que *la vie d'un homme ne dépend pas de ses biens, fût-il dans l'abondance*[23]. Pour ma part, je ne suis pas une convaincue de l'accumulation de vêtements. Vous n'avez vraiment pas besoin de posséder dix pantalons noirs qui ont la même coupe, dix chemises de même couleur. De nombreuses femmes font l'erreur de croire que le nombre d'habits qu'elles ont garantira forcément la beauté de leur tenue. Jusqu'à preuve du contraire, rien de tel n'est avéré, vous pouvez vraiment faire beaucoup avec peu!

Pour la petite histoire, je me rappelle de cette période de ma vie, où j'ai passé plusieurs mois de disette, je vivais vraiment avec peu. Dans cette situation difficile, il m'était impossible de continuer à m'acheter des sacs à main de différentes couleurs. Un jour alors que j'étais dans un magasin,

---

[23] Luc 12.15 « Puis il leur dit: Gardez-vous avec soin de toute avarice; car la vie d'un homme ne dépend pas de ses biens, fût-il dans l'abondance. »

j'ai été attiré par ce beau sac en cuir coloré en deux tons. Je l'ai acheté et me suis rendue compte plus tard que je pouvais vraiment le mettre avec toutes mes tenues. En effet, la couleur noir du sac harmonisait toutes mes tenues et la couleur marron était très bien assortie à ma couleur de peau. Par conséquent, ce sac, le seul que j'avais, rehaussait toutes mes tenues. J'ai donc vraiment pu faire beaucoup avec peu. C'est possible d'adopter cette attitude en permanence.

Mon deuxième conseil est de parier sur les accessoires. Dans le meilleur des cas, achetez-vous des bijoux, chaussures, ceintures, sacs à main dans les couleurs qui vous vont bien. En plus, prenez des accessoires dans les couleurs or et argent qui pourront rehausser toutes vos tenues. Dans mon cas, j'aime beaucoup les couleurs vives, je choisis donc des accessoires dans les couleurs jaune, orange, rose, vert et rouge.

Mon troisième conseil est habillez-vous toujours en fonction de la circonstance. Inutile de porter des talons aiguille à une sortie sportive ou pour faire du shopping. Mettez des tenues adaptées à vos activités.

Mon quatrième conseil est ayez toujours une tenue vestimentaire harmonieuse. Pour ma part, j'évite d'avoir une tenue complète (vêtements + accessoires) alliant plus de quatre couleurs différentes.

Mon cinquième conseil est d'avoir autant que possible les éléments suivants dans votre garde-robe :

- un beau pantalon noir qui vous va si bien, dans lequel vous êtes à l'aise et qui peut être mis dans différentes situations: travail, petite sortie...
- une jolie robe noire pour les sorties du soir, vous pourrez les agrémenter avec des accessoires différents à chaque fois
- l'indémodable pantalon jeans utile pour toutes vos sorties relax
- des chemises à longues manches qui font vraiment très habillé, les couleurs rose, bleu clair et blanche vont à tout le monde.
- Des ballerines de couleur noire à réserver dans votre sac lorsque vos pieds n'en pourront plus de ces escarpins si hauts
- Des débardeurs blancs et noirs que vous pourrez utiliser à profusion en dessous de vos hauts transparents et décolletés. Notez également que les débardeurs permettent de lutter efficacement contre les odeurs de transpiration.
- Le jupon noir, c'est vrai que ça fait un peu mémère, mais il vous aidera lorsque vous voudriez oser des robes ou jupes transparentes.

Ces incontournables de votre sac en main

Autant que possible, veillez à toujours avoir avec vous :

- Votre Bible, une de petit format pourra tenir dans vos sacs petits et grands. Vous pourrez ainsi faire le plein de la parole dans les salles d'attente, les transports en commun, en voyage...

- Votre déodorant, pour rester fraîche et retenir les odeurs dues à la transpiration surtout pendant les périodes de fortes chaleurs
- Votre boîte de chewings gums pour garantir une haleine fraîche
- Des serviettes hygiéniques, des tampons à l'approche de votre période menstruelle ou pendant cette période qui vous sauveront du déluge de la mer rouge
- Votre rouge à lèvres ou lipgloss qui vous convient le mieux
- Des mouchoirs pour essuyer sueur, mains...
- Votre fonds de teint avec son éponge ou son pinceau

Soyez présentable en tout temps
Veillez à rester présentable en toutes circonstances. Assurez-vous de toujours avoir une maîtrise de votre apparence physique.

- *Nuit de prière*

C'est vrai que c'est la nuit mais ce n'est pas une raison pour arriver en pyjama, avec les grosses chaussettes à trous et le bonnet, prête à faire dodo. Au contraire, optez pour un maquillage léger, les cheveux bien coiffés et mis en évidence par une coiffure simple, des boucles à pointe simples et jolies. Préférez aux grosses chaussettes trouées des chaussettes de couleur blanche ou roses avec des petites fantaisies style nœud papillon ou fleur. Des vêtements confortables, des ballerines, des tennis ou des sandales confortables. Simple et jolie vous seriez toute aussi à l'aise pour prier. N'oubliez pas que vous vous tenez dans la présence du Roi de gloire !

- *Après le culte*

Si vous êtes comme moi et que pendant les temps de louange et adoration, vous pleurez, gesticulez, dansez...Prenez la peine, directement après le culte de vaporiser du déodorant, de vous assurer que votre mascara n'a pas coulé et que votre visage n'est pas brillant et apportez les corrections nécessaires.

- *Après un repas*

Si possible, évitez de manger des oignons qui sont éprouvants pour l'haleine et courrez vite aux toilettes pour vous assurer que des morceaux de repas ne soient restés dans vos dents tels des trophées de guerre.

- *Fête et soirée dansante*

Après avoir dansé de manière frénétique, pensez également à vaporiser du déodorant.

D- Sachez réaliser des festins dignes de rois

Un proverbe camerounais dit que « l'homme c'est le ventre » pour montrer que les hommes sont généralement de fins gourmets qui affectionnent les plats bien cuisinés. En plus de savoir-faire de la bonne cuisine, prenez la peine de bien décorer vos tables. N'oubliez pas que de manière générale, on mange avec les yeux. Un repas qui est bon mais qui est mal présenté passera moins qu'un autre qui serait assez bon mais qui serait présenté avec délicatesse.

Aujourd'hui avec internet, tout est possible. Personnellement, j'ai appris à réaliser des tartes, pains, pizzas…en visionnant des recettes sur internet. A vos heures perdues, essayez des recettes, invitez des amies et régalez-vous!

Si vous souhaitez vraiment offrir des services culinaires haut de gamme à votre famille dans le futur, des cours et formations à court terme et à des prix intéressants sont disponibles.

E- Réveillez la femme d'intérieur qui sommeille en vous

Dans le foyer, la femme est la garante de la propreté de la maison familiale. Apprenez donc dès aujourd'hui à faire le ménage, le repassage, la décoration qui vous seront utiles dans le futur pour vous aider à maintenir un cadre familial accueillant et hospitalier à votre famille ainsi que vos visiteurs.

Même si vous comptez avoir une armée d'employés à domicile pour vous aider dans toutes vos tâches ménagères, vous devrez au moins pouvoir donner des directives pour les tâches domestiques à vos servantes et vous pourrez le faire d'autant mieux si vous les maitriserez vous-mêmes. Prenez l'exemple sur la femme vertueuse *Proverbes 31.15* «*Elle se lève alors qu'il fait encore nuit, et elle donne la nourriture à sa famille et ses ordres à ses servantes.* »

En clouant ce chapitre, j'aimerais mettre l'accent sur une tendance qu'ont beaucoup de femmes, je me sens tout à fait concernée. Il s'agit de l'accumulation de vêtements, de produits cosmétiques, d'accessoires…Très souvent, ces divers éléments accumulés se détériorent même à notre insu. Nous devrons savoir que Dieu ne pratique pas le gaspillage. Regardez la remarque de Jésus dans *Jean 12.12* « *Lorsqu'ils furent rassasiés, Il dit à Ses disciples: ramassez les morceaux qui restent, afin que rien ne se perde.* ». Jésus venait de multiplier des pains, Il pouvait se dire, «je peux jeter le reste puisque je possède la capacité de multiplier les pains», mais non, Il demande à Ses disciples de garder le reste pour ne pas gaspiller. Soyons imitatrices de Jésus et ne gaspillons pas ! N'hésitons pas à acheter moins et à donner de notre surplus.

Il est clair que vous devrez maîtriser votre apparence physique. Cependant, se « faire belle » et réaliser des mets délicats représentent des coûts financiers sur lesquels il faudra veiller afin de tenir sa bourse de manière équilibrée.

> Soyons imitatrices de Jésus et ne gaspillons pas !

Chapitre 5 : Sachez tenir votre bourse

Généralement, la femme est appelée à gérer les finances que Dieu met à la disposition du foyer. Apprenez donc dès aujourd'hui à être une bonne gestionnaire des finances que Dieu met entre vos mains. Bien gérer reviendra à épargner, établir un budget mais aussi faire fructifier le capital que Dieu vous donne.

A- Etablir un budget

Saviez-vous que le mot « *budget* », provient d'un terme français plus ancien « bougette » qui désignait alors une petite bourse accrochée à la ceinture de l'habit d'une personne, contenant de la menue monnaie lui permettant de faire face aux dépenses prévisibles de la journée. Le budget aujourd'hui, peut être quelque peu assimilable à une « *bougette* » mais pas exactement. En effet, le budget est un document établi par un agent économique lui permettant de faire un état récapitulatif de ses dépenses et de ses revenus. Etablir un budget peut être un exercice assez rébarbatif surtout pour celles qui ne sont pas amoureuses de chiffres.

Cependant, dans la vie, nous ne faisons pas toujours ce que nous « voulons » mais ce que nous « devons » et à bien d'égards le budget fait partie de cette deuxième catégorie. Eh ben, pourquoi est-il si important d'établir un budget?

Nous pouvons mentionner cinq raisons qui sont non exhaustives.

1-Où va mon argent ?

Le budget est composé d'une partie « **revenus** » et d'une autre «**dépenses**». La partie «**dépenses**» nous permet d'établir un état prévisionnel nous permettant de savoir comment concrètement nous allons utiliser notre argent au cours du mois de janvier, février, mars...? Parce que nous savons où va notre argent, nous pourrons ainsi mieux répartir le montant alloué à chaque rubrique de notre budget.

2-Mieux anticiper et préparer mon futur

Exemple: Je dois assister à un mariage en Mai 2014, alors, il serait peut-être judicieux pour moi de planifier dans mes dépenses du mois d'avril 2014, une dépense de 150 euros pour l'achat de ma robe et du cadeau pour les mariés. Un budget nous sert donc à nous projeter dans l'avenir afin de mieux le préparer.

Un budget nous permettra donc de préparer son avenir et ne pas être prises au dépourvues. Combien de femmes, fonctionnent au jour le jour sans forcément avoir une vue panoramique de leurs finances?

Luc 14,28-29 « *Car, lequel de vous, s'il veut bâtir une tour, ne s'assied d'abord pour calculer la dépense et voir s'il a de quoi la terminer, de peur qu'après avoir posé les fondements, il ne puisse l'achever, et que tous ceux qui le verront ne se mettent à le railler* ». Ce passage appliqué à nos finances, pourrait signifier qu'en commençant notre, année, notre mois, nous devrions avoir calculé la dépense afin de nous s'assurer de terminer notre mois, ou année dans de bonnes conditions.

3-Garder les regards fixés sur nos objectifs

« *A tes résolutions dépendra ton succès* » Job 22.28 Amen ! Quelle belle parole. C'est vrai qu'il est bien de se fixer des objectifs, des résolutions: je souhaite acheter une maison, une voiture, créer mon entreprise…Tous ces projets pour les réaliser, il vous faudra certainement être en possession d'une somme d'argent conséquente. Pour la constituer, vous aurez besoin de mettre à part une somme d'argent qui sera entièrement consacrée à votre projet. Un budget, pourra réellement vous aider dans ce sens à plusieurs niveaux:

- D'abord, le budget vous permettra de garder une visibilité sur les projets que vous devez réaliser. Ça peut paraître simple, mais souvent nous faisons des projets sans les noter, les écrire afin de les garder en mémoire, d'y réfléchir. Cette idée toute simple est défendue dans **Habacuc 2.2** « *Et l'Éternel me répondit, et dit : Écris la vision, et grave-la sur des tablettes, afin qu'on la lise couramment* ». Le fait de pouvoir avoir régulièrement notre objectif sur les yeux nous aidera à ne pas oublier et à demeurer motivé jusqu'à son accomplissement.

- Ensuite, en gardant notre objectif sous les yeux, il deviendra évident pour nous de consentir à y travailler en épargnant chaque mois, une certaine somme d'argent.

4-Sortir de l'endettement

Proverbes 22.7 « *Celui qui emprunte est esclave de celui qui prête* ». Une situation d'endettement peut arriver très vite et il faut en sortir. Pour le faire et si possible, il serait intéressant d'aller rencontrer ses créanciers afin d'établir avec eux un échéancier de remboursement sur la base de son budget personnel. Notez que dans certains pays, il est indispensable d'établir un budget pour les débiteurs qui se trouvent dans une procédure de règlement collectif de crédit d'une médiation de dettes amiables.

5-Tu ne stresseras point

Le stress et l'inquiétude gagnent souvent les personnes qui sont dans des situations financières compliquées ou se trouvent devant des montagnes de dettes. Comme l'adage le déclare : « *prévenir vaut mieux que guérir* ». Les conséquences de l'inquiétude que nous connaissons bien peuvent être désastreuses telles que : le découragement, la tristesse, les maladies...Les proverbes nous le confirment en ces termes : **Proverbes 12. 25** « *L'inquiétude dans le cœur de l'homme l'abat, mais une bonne parole le réjouit* » Refusons d'être inquiètes et tristes au sujet de nos finances, choisissons d'anticiper et planifier nos dépenses et revenus au travers d'un budget.

B- Épargner : oui, mais par quel moyen ?

Il est important d'épargner une partie de ses revenus. Seulement, la grande question est de savoir quel type de produits utilisé pour le faire puisque différentes catégories d'épargne existent : placements bancaires, épargne financière, épargne retraite, épargne dans l'immobilier.... Alors, mesdames, quels produits choisir ?

Placements bancaires

Généralement proposés à tous les clients d'une banque du fait de leur simplicité et du faible risque qu'ils génèrent. Bien que leur rendement soit faible, ils assurent une vraie sécurité à leurs propriétaires. Ces placements sont nombreux, ce sont :

-le livret A (ou livret bleu)

-le livret d'épargne populaire (LEP) est, en France, un livret d'épargne défiscalisé, réservé aux personnes à bas revenu et présentant un taux de rémunération avantageux en comparaison avec les autres livrets d'épargne défiscalisés. Depuis le 1er août, son taux est de 1.75% supérieur de 0.5% au taux du livret A.

-**le livret jeune** dédié aux jeunes de 16 à 25 ans.

-**le livret de développement durable**, c'est un compte d'épargne à vue créé pour collecter des fonds destinés au financement des travaux d'économie d'énergie dans les bâtiments anciens, il sert aussi au financement des Petites et Moyennes Entreprises (PME). Il est défiscalisé et son taux en France depuis le 01 août 2013 est de 1.25%.

-**le compte et le plan épargne logement (CEL et PEL)**, plan d'épargne logement français. Produit qui offre à son propriétaire la possibilité d'obtenir un prêt pour un logement après une phase d'épargne.

-**le compte à terme**, appelé également dépôt à terme, le compte à terme est un placement financier rémunéré, sécurisé dont la durée est fixée préalablement. Son principe est de prêter une somme d'argent à une banque pendant une période définie, puis de récupérer cette somme avec une majoration d'intérêts.

L'avantage de ces produits est leur liquidité soit la possibilité de disposer rapidement de l'argent qui est placé. Le propriétaire a donc la possibilité de disposer à tout instant de l'argent qui se trouve déposé sur ce type de compte.

Pour une gestion de nos finances efficace, il serait intéressant d'associer chaque produit à un objectif précis : impôts, imprévus, vacances, achat immobilier.

Pour exemple, le Livret A nous aidera à épargner pour nos vacances, tandis qu'un Livret de développement durable (LDD) peut être intéressant si nous désirons mettre de l'argent de côté pour nos impôts, assurances, etc. Alors qu'un CEL et PEL seront intéressants pour notre achat immobilier.

Certains produits d'épargne présentent des avantages fiscaux et c'est la raison pour laquelle leur souscription est limitée en fonction de la composition du foyer fiscal.

L'épargne financière
Plus risquée mais proposant une alternative d'investissement intéressante à long terme, l'épargne financière peut se faire au travers de différents produits boursiers (actions, obligations...).

L'épargne retraite
C'est l'ensemble des contrats d'investissements financiers permettant la constitution d'une épargne lors de la vie active, en vue de disposer d'une rente à la retraite. C'est une forme d'épargne par capitalisation. Dans le cadre de la retraite en France, elle est constituée à partir des versements périodiques. Les sommes sont bloquées jusqu'au départ à la retraite, et ensuite versées sous forme de capital ou transformées en rente viagère. Différents plans d'épargne retraite existent :

L'épargne dans l'immobilier
Placer son argent dans l'immobilier reste le placement le plus rentable à long terme. Dans la Bible, nous pouvons remarquer que les patriarches Abra-

ham, Isaac, Jacob possédaient de nombreuses richesses dont des biens immobiliers tels que des terres, des puits...

L'épargne engagée
L'investissement socialement responsable (ISR) permet d'investir dans des entreprises qui répondent à des critères éthiques.

L'épargne solidaire
Elle utilise, elle, une part du revenu de son épargne pour financer des projets sociaux ou humanitaires.
Pour choisir l'un ou l'autre type d'épargne, il faut se poser les bonnes questions à savoir quel est l'objectif à atteindre au travers de cette épargne, quel est l'horizon de placement voulu ainsi que le rendement souhaité.

C- Diversifier ses revenus, oui mais comment?

Ne mettons pas tous nos œufs dans le même panier, soyons prudentes en ayant plusieurs sources de revenus.

Ayons des revenus automatiques

Psaumes 127.2 « En vain vous levez-vous matin, vous couchez vous tard, Et mangez-vous le pain de douleur; Il en donne autant à ses bien-aimés pendant leur sommeil»

Ce sont des revenus générés de manière automatique et qui se génèrent même lorsque le bénéficiaire dort. Des exemples de revenus générés automatiquement peuvent être un loyer perçu, des dividendes reçus, des revenus provenant de sites internet, des droits d'auteur, éditeur de logiciel, inventeur d'un produit qui nécessite une licence. Mesdames, réfléchissons bien, pendant que nous dormons nos revenus peuvent être en train de s'accroître sans que nous ayons un travail supplémentaire à réaliser.

Transformons toutes nos compétences en espèces sonnantes et trébuchantes

Très souvent, nous négligeons toutes les compétences que nous possédons. Surtout celles que nous possédons et utilisons naturellement en éprouvant du plaisir. Par exemple, le cas d'une femme qui aime faire la cuisine, une autre qui aime fabriquer des bijoux, une autre qui aime et sait harmoniser les tenues vestimentaires, une autre qui aime former, coacher et transmettre ses connaissances.

Plusieurs d'entre nous, femmes possédons les compétences citées ci-dessus mais combien d'entre nous les utilisons afin de générer un revenu supplémentaire? Combien d'entre nous avons déjà pensé à le faire ?

Travail à faire

Listez toutes les compétences que vous possédez et réfléchissez à des moyens de les transformer en argent. Le but n'est pas de monter tout de suite la multinationale du siècle....mais si vous décidez d'utiliser vos compétences de formatrice, vous pouvez proposer vos services à des agences de soutien scolaire ou de formation et très vite vous faire un revenu supplémentaire d'au moins 500 euros par mois et c'est certain que cette somme pourra faire du bien à votre portefeuille.

Créons notre propre entreprise

Chacune d'entre nous possède la capacité de créer sa propre entreprise, de la gérer afin d'en tirer des revenus conséquents. Seulement, il faut être discipliné, avoir de la volonté et ne pas baisser les bras au premier obstacle qui surgit. Garder les yeux fixés sur la récompense tirée de cette affaire peut être un excellent leitmotiv.

Des exemples bibliques

Et si nous observons de près les hommes riches de la Bible pour voir comment ils ont pu bâtir leur patrimoine?

Commençons par Jacob qui était un berger prospère *(Genèse 26.14)* mais qui n'hésita pas à explorer une autre activité en s'essayant à l'agriculture, ce qui lui réussit plutôt bien car dans Genèse 26.12, il est dit que pendant la période de famine, Jacob après avoir entendu la voix de Dieu, sema et récolta au centuple, son rendement fut de 99%, pour un premier coup, ce fut un coup de maître.

Abraham, le grand père de Jacob, lui aussi était berger et possédait des puits, des champs, des terres, il avait donc plusieurs activités rémunératrices.

Salomon, lui était le roi d'Israël, il possédait de nombreuses terres, des chevaux, des troupeaux de chèvres, bœufs, ânes...et en plus, il utilisait sa sagesse en tant que consultant 1 roi 10.24-25.

Plus proche de nous, nous avons la femme vertueuse du *Proverbes 31*, cette femme excellente qui peut être un modèle à suivre. Voici comment la Bible la présente :

- Elle se procure de la laine et du lin et travaille de ses mains avec ardeur verset 13
- Après avoir bien réfléchi, elle achète un champ verset 16
- ...et plante une vigne grâce à l'argent qu'elle a gagné verset 16
- Ses mains s'activent à filer la laine, ses doigts à tisser des vêtements verset 19
- Elle se fabrique des tapis verset 22
- Elle confectionne des vêtements et les vend, elle livre des ceintures aux marchands qui passent verset 24.

D'après ces passages, nous remarquons que la femme du Proverbes 31 porte plusieurs casquettes celles de couturière, propriétaire terrien, fabricant de tapis, tisserand, marchande. Cette femme a donc appris à développer plusieurs compétences qui lui génèrent des revenus importants puisqu'elle se vêtit d'habits luxueux faits de fin lin pourpre, la grande classe !

Qu'importe le type de revenu que vous déciderez de créer dans votre vie, vous devrez être patiente, persévérante, travailleuse et à l'écoute de la voix de Dieu comme la femme du proverbe 31.

Une fois que vous aurez mis en pratique les conseils que nous vous avons donnés jusqu'ici sur les plans spirituel, émotionnel, physique et financier, alors il est très probable que vous ayez bientôt des tentatives d'approche. Cette période très déterminante doit être gérée avec tact et sagesse.

> Qu'importe le type de revenu que vous déciderez de créer dans votre vie, vous devrez être patiente, persévérante, travailleuse et à l'écoute de la voix de Dieu

Chapitre 6 : Un frère vous approche, que faire ?

Généralement, la femme est flattée lorsqu'un homme la courtise, cela montre qu'elle se démarque, qu'elle est désirable, cela lui fait vraiment plaisir.

Une femme chrétienne devrait toujours différencier les demandes sérieuses des autres et les traiter de manière différente.

Pour une femme chrétienne, une demande sérieuse est émise par un homme né de nouveau. Pour ma part, je pense que les demandes qui viennent des hommes non chrétiens ne devraient pas être prises en considération. Je ne dis pas que l'homme non chrétien ne devrait pas être pris en considération, loin de là ma pensée. Je ne parle pas de « lui » mais bien de sa demande. Réfléchir à la demande de mariage d'un non chrétien, c'est prendre le risque d'étudier les possibilités de se mettre avec cet homme et cela au détriment de sa propre foi. Il faut véritablement faire attention aux réflexions du genre :

1- « Je vais le convertir »
2- « Même s'il n'est pas né de nouveau, il respecte certaines valeurs chrétiennes »
3- « Même s'il n'est pas chrétien, il ne m'empêchera pas de vivre ma vie chrétienne »
4- « Il m'a dit qu'il m'aime et me l'a prouvé »

Et à moi de vous faire quelques remarques :

1- Bien-aimée, ce n'est pas vous qui l'aiderez à se convertir car seul le Saint-Esprit convainc de péché, justice et de jugement. La vérité est que plusieurs sœurs ont épousé des non chrétiens en se disant que leur mari finira bien par se convertir un jour. Au mieux, leur époux se convertit après plusieurs années et des multiples veillées de prière et au pire, il ne se convertit jamais. Pour la femme, cela devient un combat permanent dans la prière, un combat qu'elle aurait bien sûr pu s'éviter si elle avait pris la bonne décision. Beaucoup de sœurs qui se sont mariées comme ceci ont ensuite éprouvé de violents regrets et préfèrent même le célibat au mariage qu'elles se sont elles-mêmes choisi sans le consentement divin.

2- Pour la deuxième réflexion, sachez que respecter certaines valeurs chrétiennes ne suffit pas. En effet, une personne née de nouveau possède une nature, une vie, l'Esprit de Dieu qui la distinguent de manière significative d'une personne qui ne l'est pas. L'aboiement ne fait pas le chien, tout comme le miaulement ne fait pas le chat. Il en de même pour une personne née de nouveau, le fait que son Esprit soit restauré et qu'elle laisse le Saint-Esprit la transformer, elle est amenée à manifester certaines valeurs, mais tous ceux qui manifestent ces mêmes valeurs ne sont pas forcément nés de nouveau. Ce n'est pas parce que certaines personnes manifestent ces valeurs qu'il leur sera aisé de répondre favorablement à l'appel de repentance du Saint-Esprit.

3- Votre mari non converti pourra peut-être comprendre votre désir de servir le Seigneur mais il y aura des niveaux de dévotion à Dieu qu'il ne comprendra pas toujours. Pourra-t-il comprendre lorsque vous aurez envie de faire une offrande sacrificielle de plusieurs milliers d'euros ? Pourra-t-il comprendre lorsque vous aurez envie de faire des nuits de prières individuelle ou collective répétées ? Pourra-t-il comprendre lorsque vous aurez à cœur de prendre plusieurs jours de jeûne et de prière pour renforcer votre attachement à Dieu ?

4- J'aime beaucoup cette réflexion faite par le Pasteur Christian SABOUKOULOU lors d'un culte. Un homme non chrétien vous dit peut être qu'il vous aime, c'est peut-être vrai. Mais comprenez que parce qu'il n'est pas né de nouveau, l'amour qu'il vous porte n'est pas l'amour de Dieu qui ne peut être visible que là où réside le Saint-Esprit qui est l'héritage des seules personnes qui sont nées de nouveau. L'amour qu'un homme non chrétien est donc limité et pourra diminuer voire s'éteindre complètement avec le temps puisque celui-ci dépend des sentiments qu'il peut vous porter à un instant donné.

Bien-aimée, ne vous compromettez pas dans une relation que Dieu n'approuve pas, oui ne vous mettez pas sous un joug étranger au risque de vous refroidir et de voir votre foi défaillir. Attendez-vous patiemment à Dieu, Il connaît vos besoins et enverra certainement la bonne personne pour vous au temps convenable.

> Ne vous mettez pas sous un joug étranger au risque de vous refroidir et de voir votre foi défaillir

A- Agissez avec sagesse pendant l'approche

Ça y'est! Un frère vous approche et vous déclare qu'il aimerait que vous vous connaissiez plus intimement afin d'aboutir sur un mariage. Que faire dans ce cas ?

- Rendez grâce comme en toutes choses pour cette approche. Qu'importe si vous trouvez le frère à votre goût ou pas. Oui, bénissez le Seigneur, car cela prouve que votre valeur est reconnue.

- Ne méprisez aucune demande en mariage faite par un frère, car comme la Bible le précise que c'est celui qui méprise l'autre qui est insensé.

Ne vous dîtes jamais d'emblée, ce frère n'est pas mon style, il n'est pas assez riche, il ne travaille pas encore, je le trouve laid, il s'habille mal...laissez toutes les considérations physiques et visuelles. Surtout pensez bien que d'autres sœurs aimeraient bien être à votre place. Pour toutes les demandes en mariage sérieuses que vous recevrez, prenez le temps de demander la volonté de Dieu à ce sujet. Ne dites pas « *de toute façon, ce frère est trop laid, et pour moi c'est d'office non* » Combien de sœurs ont laissé passer l'homme de leur vie à cause d'une perception visuelle et ont simplement omis de demander l'avis du Seigneur quant à une possible union avec tel frère ? Ne faites pas cette même erreur.

- Demeurez discrète sur ce sujet. Qu'importe la réponse positive ou négative que vous donnerez en fin de compte, il est important que vous taisiez ce sujet pendant un moment. Vous pouvez en parler en fonction de la direction du Saint-Esprit à votre mentore et/ou votre pasteur.

- Prenez un temps pour prier par rapport à ce sujet. Demandez à Dieu de vous révéler Sa direction par rapport à votre mariage. Vous pouvez prier seule et également avec votre mentore. Laissez le temps au Saint Esprit de vous répondre. Par ailleurs demandez-Lui de vous montrer les choses cachées qui pourraient empiéter sur cette relation ou faire en sorte qu'elle ne se mette pas en place.

- Dans un esprit de prière, prenez un temps avec vous-même et demandez-vous si cet homme vous convient au niveau spirituel, émotionnel et physique.

Sur le plan spirituel, A-t-il donné sa vie à Christ ? Quelle vision a-t-il pour sa vie, comment se projette-t-il dans la vie ? craint-il Dieu ? Aime-t-il Dieu ? Jusqu'à quel niveau ? Le sert-il ? Respecte-t-il les autorités ? Le caractère de Christ est-il pleinement marqué en lui ? Êtes-vous en harmonie tous les deux sur le plan spirituel ? Y a-t-il l'un de vous deux qui désire allez plus loin avec le Seigneur que l'autre?

Sur le plan émotionnel : êtes-vous des amis ? Aimez-vous passer du temps ensemble ? Pardonne-t-il facilement ? A-t-il et laisse-t-il ses pensées renouvelées par la parole de Dieu ? Sait-il maîtriser ses émotions ? Sa volonté est-elle calquée sur celle de Dieu pour sa vie ? Riez-vous et aimez-vous ses blagues ? Aime-t-il critiquer les autres ? Cet homme vous élève-t-il ou vous rabaisse-t-il ? *Cet homme souhaite-t-il vous voir vous déployer et réussir sans en éprouver de la jalousie ?*

Sur le plan physique, aimez-vous son physique ? Aimez-vous sa manière de se vêtir ? Avez-vous une attirance physique pour lui ?

Répondez de manière honnête à ces différentes questions. Votre réponse finale pourra être positive ou négative.

Si elle est négative, prenez le temps nécessaire pour la communiquer avec amour, douceur à ce frère. Expliquez-lui les motifs de votre décision sans être critique en son endroit. Par ailleurs, assurez-lui que vous resterez discrète et que cette histoire restera entre vous et ne sera pas connue de tout le monde. Par ailleurs, de votre côté, assurez-vous que vous n'éprouverez aucune jalousie ou envie lorsque ce frère se mariera ou vous présentera sa fiancée, priez pour ne pas tomber sous ce sentiment que beaucoup de sœurs ont souvent ressenti dans la même situation. Enfin, ne fermez pas totalement la porte au frère mais gardez une amitié saine entre vous.

En cas de réponse positive, dîtes le au frère et demeurez toute aussi discrète. En effet, votre relation naissante est encore fragile et prenez donc le temps de la façonner dans le secret avant de l'exposer aux yeux de tous lorsqu'elle sera beaucoup plus mature. Profitez également de cette merveilleuse période en toute pureté et amitié progressive. Aussi, pendant cette période, ne pressez pas le frère de vous épouser. Laissez votre relation suivre son cours. Je me souviens de cette jeune femme qui pressait son fiancé de l'épouser sous prétexte que toutes ses amies se mariaient la même année. Au final, son fiancé a quand même tenu ferme face à la pression de sa fiancée et ceux-ci se sont mariés au temps voulu par Dieu.

Le prince charmant ne vient pas toujours au moment où nous l'attendons. Oui, nous pouvons penser après plusieurs années d'attente que notre période de célibat semble durer.

Femme Chrétienne: Suis-je prête à me marier ? 98

Chapitre 7 : Ma période de célibat dure !

Vous commencez à trouver les moments de solitude longs et ennuyeux? Et votre célibat pesant? Cela peut se comprendre. Les hommes ont toujours l'impression que l'herbe est plus verte chez le voisin soit que leur situation de célibat est bien inférieure à celle des personnes mariées. Je suis persuadée que certaines personnes qui sont mariées aimeraient bien être à votre place, surtout celles qui ont l'impression d'avoir raté leur mariage. Etant donné que vous êtes déjà dans cette situation de célibat, profitez-en au maximum.

A- Soyez toujours reconnaissante

Souvent, nous pouvons nous plaindre, murmurer contre Dieu pour toutes ces choses que nous n'avons pas encore. Ce mariage qui ne vient pas, cet enfant qui se fait attendre. Une chose que j'ai comprise c'est de demeurer constamment dans une attitude de reconnaissance. Oui, disons merci à Dieu pour le souffle de vie, pour nos études, nos emplois, notre beauté...Rien de ce que nous avons n'est acquis, tout est grâce de Dieu. Tout ce que nous avons n'est pas le fruit de nos actions mais de la bonté et la fidélité de Dieu envers nous. Quelle que soit la difficulté de la situation par laquelle vous passez, il faut remercier Dieu parce que la situation pourrait être pire. Votre père vient de décéder, soyez reconnaissante parce que votre mère est encore en vie. Vous avez perdu votre emploi, rendez grâce à Dieu parce que vous êtes en bonne santé, vous êtes célibataire, dîtes merci à Dieu parce que vous avez une belle carrière professionnelle. Il y a toujours des raisons de dire merci à Dieu. Trouvez ces raisons et rendez grâce à Dieu! Je n'ai pas toujours été une personne reconnaissante, j'aimais beaucoup me plaindre, jusqu'au jour où je suis passé par une succession d'épreuves où j'ai perdu différentes choses. J'ai donc réalisé la grâce que j'avais d'avoir ces choses que je venais de perdre. Ne faites pas comme moi, n'attendez pas de tout perdre pour réaliser la grâce que Dieu vous fait chaque jour. Mon apprentissage s'est fait dans la douleur, la souffrance et les larmes, ne suivez pas mon exemple! Choisissez dès maintenant d'être reconnaissante.

> N'attendez pas de tout perdre pour réaliser la grâce que Dieu vous fait chaque jour. Choisissez dès maintenant d'être reconnaissante

B- Réjouissez-vous avec vos devancières

La Bible nous demande de nous réjouir avec ceux qui se réjouissent. Ne faites pas la tête lorsqu'une de vos amies se marie, ne le prenez pas mal. Ce n'est pas comme si elles volaient vos propres chances de vous marier un jour. Au contraire, en les aidant dans les préparatifs de leur mariage, vous apprendrez des choses qui vous seront utiles une fois que vous voudriez sauter le pas à votre tour. N'éprouvez aucune amertume, jalousie ou envie. En effet, Dieu a un plan pour chacune de nos vies, la destinée de Marie, n'est pas celle d'Esther et ne sera jamais celle de Ruth. Par contre, Esther, Ruth et Marie ont chacune leur prénom marqué dans la Bible. En effet, l'une a été reconnue pour sa beauté, sa soumission à Mardochée son oncle ; l'autre pour sa loyauté et son amitié envers sa belle-mère Naomi et la dernière pour sa disponibilité et sa capacité à se soumettre à la volonté de Dieu. Trois grandes femmes de destinée, trois histoires différentes mais trois femmes dont les actions continuent de nous encourager deux mille ans plus tard. Calmez-vous donc et attendez-vous à Dieu dans la joie et la bonne humeur.

> Dieu a un plan pour chacune de nos vies

C- La fidélité de Dieu ne dépend pas de ce que vous voyez

Je me souviens avoir souvent questionné la fidélité de Dieu en regardant la vie de certaines sœurs. Je trouvais qu'elles servaient Dieu de tout leur cœur et n'étaient toujours pas mariées. Je me suis souvent dit que Dieu n'était pas toujours fidèle. Ce qui est faux, ce n'est pas parce qu'une personne n'est pas mariée que Dieu n'est pas fidèle dans sa vie, ou qu'une personne est au chômage, ou malade. Bref comprenons toujours qu'il y a des saisons dans la vie. Par ailleurs, nous ne pouvons jamais mesurer la fidélité de Dieu rien qu'en regardant avec nos yeux humains une personne. En effet, nous ne savons pas ce qui se passe réellement dans la vie desdites personnes. Obéissent-elles totalement à Dieu ? Sont-elles dans la rébellion vis-à-vis de Dieu ou aux autorités ? Nous ne pouvons pas le savoir, alors évitons de porter des jugements hâtifs.

> Si quelque chose ne marche pas comme nous voulons, Dieu ne sera jamais le problème!

Par ailleurs, le célibat n'est pas une fatalité. Dire que Dieu est infidèle parce qu'une personne est célibataire, reviendrait à dire que Dieu fait du favoritisme et ne demeure que fidèle avec les personnes mariées. Ce qui est inexact car la Bible affirme que Dieu ne fait acception de personne. L'une des choses que j'ai apprise est que Dieu est amour et demeure toujours fidèle. Si quelque chose ne marche pas comme nous voulons, Dieu ne sera jamais le problème!

D- La période de célibat est une période favorable à maximiser

Je me rappelle de cette phrase prononcée par le pasteur Yvan Castanou et je paraphrase, si une situation de votre vie dure, posez-vous la question de savoir s'il existe encore des choses que vous devriez faire pendant cette période. Certaines des choses que vous faites aujourd'hui alors que vous êtes encore célibataire, vous ne pourrez plus jamais les faire lorsque vous serez mariée. En effet, il vous sera difficile d'improviser une nuit de prière, de jeûner 30 jours si vous le désirez, de passer des journées entières à servir Dieu, de créer les entreprises que vous souhaitez, d'entreprendre les voyages que vous souhaitez. Comprenons bien que la période de célibat est vraiment propice pour certaines activités.

Je me rappelle de cette période dans ma vie, où Dieu voulait véritablement que je passe beaucoup de temps dans le jeûne et la prière dans une attitude d'humilité, de retrait loin des autres. Cette période a duré environ deux ans. Ce fut deux années difficiles, éprouvantes mais pendant lesquelles j'ai pu véritablement faire des bonds avec le Seigneur. Cette période je n'aurais jamais pu la mener à bien si j'avais été mariée ou même fiancée. Réalisons que la femme mariée se doit à son époux et ne peut s'occuper entièrement des choses de Dieu même si elle le désire. Sachez donc maximiser cette période d'attente en étant une célibataire joyeuse qui saisit toutes les occasions à sa portée pour plaire aux Seigneur, se créer des relations solides et entreprendre des projets personnels.

E- Que votre pureté soit connue de tous

Pendant cette période de célibat, soyez complètement célibataire. Ayez une vie pure et demeurez loin de toute débauche. Ne vous compromettez pas en établissant des relations avec des hommes mariées ou autre en attendant votre jour. Même si ce n'est pas toujours facile, demandez au Saint-Esprit de vous garder dans la pureté. N'entretenez pas des relations coupables et des amitiés ambiguës. Soyez complètement célibataire et que votre pureté et votre bonne réputation soient évidentes aux yeux de tous. Ne permettez à personne ni à rien de ternir votre réputation[24]. Gardez-la jalousement!

Sachant que les actions sont généralement la conséquence de pensées entretenues. J'évite de regarder des scènes à caractère sensuel. Pour y arriver, je n'hésite pas à détourner mon visage des couples qui s'enlacent dans la rue, de sauter les scènes à caractère sensuel dans les films, à signaler comme indésirables des images choquantes sur facebook notamment. Par ailleurs, je fais attention à ce que « j'entends ». En tant que femme, je sais que je suis sensible aux paroles qui flattent mon physique, ma démarche, mon attitude, j'évite donc de me «laisser séduire». Enfin, je fais attention à la manière avec laquelle je touche les hommes et à lais-

---

[24] Proverbes 22.22 « Une bonne *réputation* est préférable à de grandes richesses (...) »

ser les hommes me toucher n'importe comment. Croyez-moi, nos cinq sens et en particulier le toucher, l'ouïe et la vue sont des portes sur lesquelles nous devons veiller afin de ne pas exciter notre chair et tomber dans la débauche.

F- Refusez de demeurer dans un état de «femme seule, abandonnée et non aimée»

Je reconnais qu'il peut m'arriver d'être frustrée mais je refuse de rester et demeurer dans cet état. Ce n'est pas toujours chose aisée. Dans mon cas personnel, le fait de côtoyer, de voir des couples mariées crée parfois des désirs par exemple de « pouvoir à mon tour me sentir en sécurité dans les bras d'un homme », « de me promener et de tenir la main de mon mari » Avec le temps, j'ai appris à créer des garde-fous qui me permettent de tenir ferme.

D'abord, lorsque je sais que je devrais passer du temps avec des couples, je prends la peine en l'avance de prier pour l'état de mon cœur, pour mon humeur, pour éviter de sortir de tels moments frustrée et ou de me sentir seule et abandonnée. Je vous avoue que cela m'est déjà arrivé.

Ensuite, me connaissant, je sais que généralement, j'ai tendance à me sentir « lasse, vidée, abandonnée ou pas assez aimée » les vendredis soirs après une dure semaine de labeur et de fatigue accumulée. Pour contrecarrer cet état, ma coutume est de passer tous mes vendredis soirs dans la prière. En demeurant dans la prière, je me focalise sur Dieu et me laisse être aimé de Lui. Cette stratégie je l'ai mise en place en 2010 et elle marche dans mon cas. L'erreur à commettre dans un tel état de lassitude, solitude et vide serait de passer du temps en tête à tête avec un homme qui de surcroît vous plaît bien, cela peut s'avérer risqué. Enfin, dans un état de lassitude et de vide, je pense qu'il est préférable d'éviter de regarder des films à l'eau de rose. Cela peut accentuer cette impression de « *femme seule abandonnée et pas assez aimée* ».

G- Ne tombez pas dans la séduction

Ne soyez pas de celles qui séduisent, qui tournent autour des frères et qui leur font clairement des avances. Au mieux, vous passerez pour une désespérée et au pire pour une femme dévergondée. Votre réputation étant précieuse, gardez-vous de telles attitudes. Ne vous trouvez pas vous-même un époux et ne forcez surtout pas les choses...laissez les choses se faire petit à petit. La Bible dit que c'est dans le calme et la tranquillité que sera votre force. Croyez en cette parole et demeurez dans une attente calme, tranquille tout en ayant confiance au Dieu qui pourvoit et qui pourvoira certainement pour vous!

H- Ne faites pas de coup bas

Je pense qu'il n'est pas utile de salir la réputation d'autres femmes dans le but de pousser les hommes à vous considérer plus que les autres. Inutile également de vous transformer en briseuse de relations. Ne soyez pas la source de commérages ou de rumeurs. Si à court terme, vous avez l'impression d'avoir gain de cause, à long terme cela peut s'avérer très néfaste pour vous. Comme on dit «tout ce qui est fait dans les ténèbres sera dévoilé à la lumière». Ne vous salissez pas les mains seulement pour obtenir une relation.

Femme Chrétienne: Suis-je prête à me marier ? 108

Conclusion

La réussite d'un mariage comme de tout autre projet ne doit rien au hasard mais dépend de la qualité de la préparation des conjoints qui s'unissent. Cette préparation comme nous l'avons mentionné doit se faire aux niveaux spirituel, émotionnel, physique et financier. Plus votre préparation sera de qualité et meilleure sera l'harmonie qui règnera dans votre couple. Si vous prenez à cœur de suivre ces différents conseils alors vous pourrez jouir du repos, de la paix et du bonheur dans un couple heureux.

En y réfléchissant bien, je me rends compte que la préparation d'une femme pour son futur époux peut être comparée à la « préparation de l'épouse de Jésus qui est l'Eglise ». Comme Jésus revient chercher une épouse pure et sans taches pour les noces de l'agneau, puissions-nous également être des femmes que leurs futurs époux trouveront préparées, consacrées et matures en tous points. Par ailleurs, qu'importe si vous vous mariez ou pas, le fait d'être mature sur les plans spirituel, émotionnel, physique tels que stipulé dans ce livre, vous donneront toujours de vous distinguer des personnes de votre génération, de les influencer et d'être un réel modèle à suivre.

John Maxwell a déclaré ceci : *"Dans la vie, vous avez deux options : soit vous payez maintenant, et vous vous amuserez plus tard ; soit vous vous amusez maintenant, et vous paierez plus tard. Mais dans tous les cas, la vie vous réclamera son dû"*. L'option la plus sage selon moi est la première, choisir de payer le prix maintenant afin de s'amuser plus tard. Cette option est valable pour tous les aspects de nos vies même celui du mariage.

Mesdemoiselles, je vous souhaite une bonne préparation et d'avoir un mariage heureux!

Pour aller plus loin : des ressources utiles

Chapitre 1 : Pourquoi se préparer ?

- Bishop David Oyedepo (Sermon), *Preparing for marriage (for singles & married)*

https://www.youtube.com/watch?v=zAVwNFSiJqM

- Bishop David Oyedepo (Sermon), *Attractiveness (for singles)*

https://www.youtube.com/watch?v=JtF-dVj9Nbg

- Pasteur Christian SABOUKOULOU, *Les clés divines pour fonder une famille épanouie et unie*, Édition Metanoia et vie, 2012, (enseignements audio disponibles à la librairie Métanoia du campus ICC Bruxelles)

- Pasteur Yvan CASTANOU, *Vous pensez mariage? Comment faire le bon choix ?*, Éditions

Metanoia et vie, 2012 (Disponible à la librairie Métanoia du campus ICC Bruxelles)

Chapitre 2 : Préparation sur le plan spirituel

- Darien COOPER, *Être l'épouse d'un homme heureux*, Éditions BLF, 1979

- Derek et Ruth PRINCE, *Dieu est un faiseur de mariages,* Éditions Derek Prince Ministries, 1997

- Derek PRINCE, *Bénédiction ou malédiction, à vous de choisi !,* Éditions Derek Prince Ministries, 1997

- John et Diane HAGEE, *Ce que chaque homme attend d'une femme- Ce que chaque femme attend d'un homme*, Éditions Vida, 2010

- LaHaye Beverly, *La femme dirigée par l'Esprit* Éditions Vida

- Cynthia HEALD, *Une beauté hors du commun,* Éditions Vida, 2010

Chapitre 3 : Préparation sur le plan émotionnel

- Daniel GOLEMAN, *L'intelligence émotionnelle,* Éditions J'ai lu, 1995

- GARY CHAPMAN, *Les langages de l'amour,* Éditions Farel, 1997

- John BEVERE, *L'offense l'arme cachée de Satan*, Éditions Vida, 1994

- Joyce MEYER, *Il rafraîchit et restaure mon âme*

https://www.youtube.com/watch?v=BvhWxnKQMdU

https://www.youtube.com/watch?v=SNXad0a5Q7g

Chapitre 4 : Préparation sur le plan physique

- Magalie KALONJI, *J'ai besoin d'un coach capillaire*, 2015, ebook disponible sur https://www.facebook.com/JADAHLUZ?pnref=story

- Chaîne Youtube d'Hervé en cuisine, lien : https://www.youtube.com/user/hervecuisine

Chapitre 5 : Sachez tenir votre bourse

- Francine CHEUMBOU, divers articles publiés sur internet sur le site FemmEsprit le mag dans la chronique finance

http://www.femmesprit-le-mag.com/category/femmesprit/finance/

- Robert T. KIYOSAKI, Sarah LECHTER, « *Père riche et père pauvre* », Éditions un monde différent, 1997

Femme Chrétienne: Suis-je prête à me marier ? 114

Achevé d'imprimer en octobre 2016 par
l'imprimerie Copy Media

23, Avenue Guitayne

33610 CANEJAN

Printed in France by Amazon
Brétigny-sur-Orge, FR

17088576R00066